END-OF-LIFE CARE
in Facilities for the Elderly

施設における
エンドオブライフ・ケア

介護職が知っておくべき基礎知識

内田陽子/島内 節 [編著]

ミネルヴァ書房

はじめに

　日本は人類未踏の超高齢・多死社会を迎える。私たちケアに携わる者は，人間が老いて死んでいく過程においてどのようにケアをしていけばよいかという問題に直面している。人生最後のステージであるエンドオブライフをどこで過ごし，どのように生き，どう人生を幕引くかは，生きる時間の充実と人生の価値を高めるため，一人ひとり考えなくてはならない。また，ケアに携わる者は，本人や家族の意思を尊重し他職種と調整しながらそのことをどう実現していくか，真剣に考える必要がある。

　エンドオブライフは，本人の人生を統合する時期であり，他者のケアを必要とする時期でもある。従来のように病院で最期を迎える方法は，本人や家族の尊厳，QOL（生活の質），そして，医療費の問題も含めて，必ずしも最善の方法とはいえない。また本人の要望としてもっとも多い自宅での死は一番の理想であるが，そのためには，誰でもがあたりまえに実現できるようケアシステムを構築しなければならない。

　一方で，近年従来の介護老人福祉施設や介護老人保健施設，養護老人ホーム，有料老人ホームに加えて，グループホーム，小規模多機能型施設，サービス付き高齢者向け住宅とニーズにあわせた多様な施設や住まいが次々と建設されている。すべての人に自宅介護が期待できない現在，これらの施設へのニーズは高く，実際に利用する人は多くなっている。そしてできれば最期の時も，なじみあるこの施設で，友人や家族そして職員に囲まれてすごしたいという人は大勢いる。

　本書で終末期ケアをエンドオブライフ・ケアとした理由は下記のとおりである。
　国際的にもエンドオブライフ・ケアをめぐるさまざまな取り組みがなされている。アメリカ・カナダでは2005年頃から，続いてイギリスではNHS（National Health Service）の制度下でもこの用語を用いてケアが展開されている。2010年頃から国際的にエンドオブライフ・ケアを充実させるためにEnd-of-Life Nursing Education Consortium（ELNEC）によって教育が拡大し，各国でエンドオブライフ・ケアの用語が用いられている。
　「終末期ケア」という用語は国際的な学会や英語論文においてはターミナルケアからエンドオブライフ・ケアの用語に移行した。そこで本書でも，エンド（最後）のライフ（生命・生活・人生）に注目したケア，本書では「生きることを支えるケア」という意味でエンドオブライフ・ケアの用語を用いることにした。

　本書は施設におけるエンドオブライフ・ケアを担う介護職員をはじめ，それに関わるさまざまな職種（看護師，相談員，医師，ケアマネジャー，リハビリ職など），そして将来ケアに携わる学生のために書かれたものである。質の高い看取りをしていくためのヒントを，

わかりやすくまとめた実践書となっている。読者の皆様が，目の前にいる利用者の人生最後のステージに共に立ち，仲間と力をあわせてより良いエンドオブライフ・ケアの実現に向け，チャレンジしていただきたいと願っている。

　本書を出版するにあたってミネルヴァ書房の北坂恭子さんに多大なご支援をいただきましたことに感謝します。

編著者　内田陽子
　　　　島内　節

目　次

はじめに

第Ⅰ部　エンドオブライフ・ケアとは何か

第1章　本人・家族・援助者が望むエンドオブライフ・ケア

①　わが国の現状とエンドオブライフ・ケア　3
　超高齢多死社会の到来…3　エンドオブライフ・ケアの表記と定義…3

②　エンドオブライフ・ケアと施設　5
　本人の希望と家族の希望…5　施設エンドオブライフ・ケア実現のための課題…5

第2章　エンドオブライフの理念と予測する医学的判断

①　エンドオブライフ・ケアの理念　9
　日常的ケアの重要性…9　高齢者医療の特徴…10　基本的な考え方…10　生活重視・ナラティブな関わり…11

②　エンドオブライフ・ケアを予測する医学的判断と本人・家族への説明　12
　高齢者が亡くなるまでの過程…12　終末期の定義…12　終末期医療の決定プロセス…13　本人・家族への説明方法と内容…13

③　死亡時の診断と死亡診断書　14
　死亡時の診断…14　死亡診断書の作成…14

第3章　施設エンドオブライフ・ケアのケアパス

①　看取りに関する指針　17

②　看取りケアパス　18
　ケアパスとは…18　活用事例の紹介…18

③　ケアパスの使用方法，多職種との協働運用　20
　「特養入所時」から看取りを意識する…20　「看取りケア開始時」でのケア…20　「看取りケア実施期」でのケア…20　「臨死期」でのケア…20　「死別期」でのケア…21　多職種との協働運用…21

第Ⅱ部　エンドオブライフ・ケアの実際

第4章　施設でのエンドオブライフにおける基本的生活ニーズとケア

❶ 一日の生活リズム・楽しみの作り方　25
　　一日の生活リズム・楽しみを作る意義…25　楽しみの作り方…25

❷ セルフケア能力を活かすケア　26
　　セルフケアとは…26　自分でできなくなること…26　エンド期を生きるセルフケアの支援方法…27

❸ 食事のケア　27
　　エンド期における食べることの意味…27　食事の工夫…27　安定した食事の姿勢…28　使用する食器…29　食事の介助…29　水分の摂取…29　食事や水分の摂取量について…30

❹ 排泄のケア　31
　　エンド期における排泄の意味…31　排泄の目標を設定し，統一したケアを行うために…31　排泄する環境を整える…31　トイレやポータブルトイレの介助…32　オムツ交換の介助…33　肌を清潔に保つ…33

❺ 転倒・転落，事故予防のケア　34
　　なぜ転倒や転落が起こるのか…34　移乗・移動時の転倒・転落を防ぐケア…35　歩行時の環境を整える…35　ベッドからの転落に対するケア…36　皮膚剥離や内出血を防止する…36　緊急時の対応…36

❻ 清潔ケア　37
　　清潔ケアの意義…37　洗顔など整容のケア…37　入浴，シャワー浴…38　部分浴…39　清拭…39　洗髪…40　スキンケア…41

❼ 口腔ケア　41
　　エンド期の口腔の特徴…41　エンド期と義歯…42　ブラッシングと洗口…42　カンジダ症に対するケア…43　多職種による口腔ケア…43

❽ 睡眠・休息・運動のケア　44
　　エンド期における休養…44　エンド期における睡眠…44　眠れないときのケア…45　静かで心地よい環境を整える…45　運動やリハビリテーションのケア…45

第5章　各症状に対する安楽を図るケア

❶ 施設における医療処置の範囲と本人・家族への説明　49
　　それぞれの施設における医療体制…49　説明と意思の確認…50　提供されうる医療処置…50

❷ 施設における酸素や点滴の指示と投与　51
　　呼吸の状態と酸素飽和度…51　呼吸不全に対する施設での酸素投与…51　エンド・ケアの酸素投与…52　エンド・ケアの人工的水分・栄養補給法…53　AHNの弊害…53　末梢静脈栄養…54

③ 疼痛緩和を図る薬剤の使用とケア　55

痛みの評価の原則…55　痛みの強さを測る…56　エンド・ケアの鎮痛薬の使い方の原則…56　医療用麻薬の種類…56　痛みを和らげるケア…57

④ 呼吸困難に対するケア　58

呼吸困難の原因となる疾患…58　呼吸困難に対するケア…58

⑤ 誤嚥性肺炎予防のケア・吸引のケア　60

誤嚥性肺炎の予防…60　吸引のケア…61　実施方法と留意点…62

⑥ 褥瘡・皮膚トラブル予防ケア　63

高齢者の皮膚の特徴…63　スキンケアのポイント…64　清潔ケア…64　保湿ケア…65　尿・便失禁ケア…66　圧迫・摩擦に対するケア…66　日常生活環境への配慮…67

⑦ 低栄養に対するケア・胃ろうのケア　67

低栄養とは…67　栄養状態の評価…67　胃ろうにおけるカテーテルとケア時の留意点…68　胃ろう造設者であっても経口摂取を試みる…68　胃ろうチューブ挿入周囲の観察と管理…69

⑧ 認知症・せん妄を配慮したケア　70

エンド期はせん妄になりやすい…70　せん妄は原因を取り除くことが大切…70　エンド・ケアにおけるせん妄のケア…71　認知症に対するケア…71

⑨ 排尿症状（乏尿，尿閉，失禁，残尿）に対するケア　72

尿量低下に伴う尿路感染症予防…72　頻尿に対するケア…72　失禁に対するケア…73　排尿アセスメントと残尿測定…73　乏尿・無尿に対するケア…74

⑩ 排便症状に対するケア　74

エンド期における排便の特徴…74　便秘に対するケア…75　下痢に対するケア…76　便失禁に対するケア…76

■第6章■　施設エンドオブライフ・ケアに用いる薬剤

① 施設における使用頻度の高い薬剤と使用方法　79

必要な薬を見極める…79　出番の多い薬…80　内服薬から貼付薬などへの切り替え…81　持続皮下点滴について…81

② 薬剤使用における副作用の観察，ケア　81

副作用を知る…81　体調が悪くなると効きすぎる薬…82　医師との連携を取っておく…82

■第7章■　心理・精神的ケアとデスマネジメント

① デスマネジメント　83

死とはなにか…83　死にゆく人の心理過程…83　デスマネジメントに必要な要素と死への準備教育…84

② スピリチュアルペインとケア　85

スピリチュアルペインとは…85　スピリチュアルケアとは…85

❸ 人生統合に向けたライフレビュー　86

❹ 死別後のグリーフケア　87

グリーフケアの意義…87　グリーフケアの目的…87　グリーフケアの実際…87　グリーフケアの評価…88　グリーフケアの効果…88

■第8章■　家族・親族が抱える問題とケア

❶ 施設でエンドオブライフ・ケアを迎えるための家族の役割・意見統一と調整　91

家族による代理決定への支援の必要性…91　家族の代理決定への支援…92

❷ 施設でエンドオブライフ・ケアを迎える家族の相談　93

面会について…93　キーパーソンとそれ以外の家族との調整…93　エンドオブライフ・ケアの場所…94　死後の対応…94

❸ 家族の悲しみや負担感に対するケアの事例　95

本人が最期まで食べることを望んだ家族への援助…95　大家族のそれぞれの人たちへの援助…96

❹ 本人と家族の団らん・交流を深めるケアの事例　97

施設に預けた自分を責める娘への援助…97　どうすればよいかわからない家族への援助…97

■第9章■　倫理的葛藤と対処

❶ 延命医療の考え方　99

現代医療のジレンマ…99　延命医療の定義…99　延命医療問題の発生——高度医療の光と影…100　日本におけるガイドライン策定…101

❷ 本人の意思を尊重する意思決定とその支援　102

終末期の意思決定プロセス…102　本人の意思の尊重——人生の物語りを基本に…102　アドバンス・ケア・プランニングの考え方…104

❸ 倫理的葛藤への対処と考え方　105

医学的な生命予後とエンドオブライフ・ケアの意味…105　コミュニケーションを取ることができないとき…106

❹ 施設でのケア現場で抱える倫理的葛藤と解決策　107

倫理的葛藤が生じやすい対象と場面…107　倫理的葛藤の解決に向けた第一歩…107　関係者間での話し合いの過程の重要性…108　話し合いの事前準備…108

■第10章■　急変時のケア・死亡時のケア

❶ 急変時（臨終期）の症状を見極める　111

医師や看護師に報告すること，対応…111　発熱…111　嘔気・嘔吐…112　意識レベルの低下…113　呼吸停止…113

❷ 急変時に連絡する家族への対応方法　114

❸ 死亡時の本人へのケアと家族への対応方法　115

死亡確認と死後の処置（エンゼルケア）…115　施設からの見送り…116

第Ⅲ部　これからのエンドオブライフ・ケア

■第11章■　施設でのエンドオブライフ・ケアを支えるシステム

❶ チームケアと各職種の役割　119

チームケアをするために必要なシステム…119　介護職の役割と多職種との連携の意義…119　看護師との連携…120　言語聴覚士・栄養士との連携…120　理学療法士・作業療法士との連携…121　相談員・ケアマネジャーとの連携…121　医師との連携…121

❷ ケアマネジメント　122

ケアマネジメントのニーズ…122　ケアマネジャーの役割と実践…122

❸ エンドオブライフ・ケア援助者の教育・研修　125

■第12章■　施設でのエンドオブライフ・ケアの制度と費用，アウトカム評価

❶ 施設でのエンドオブライフ・ケアの制度と費用　127

介護保険制度における保険給付と自己負担の仕組み…127　エンドオブライフ・ケアに関わる制度…127　施設における看取りの実態…128　制度や費用を踏まえた施設としての対応…128

❷ 施設でのエンドオブライフ・ケア評価の重要性　129

ケアの質評価の必要性…129　アウトカム評価とは…129

❸ 主観的満足度　131

■第13章■　各施設と地域をつなぐエンドオブライフ・ケアの実際

❶ 特別養護老人ホームにおけるエンドオブライフ・ケア　133

エンド・ケアに関する医療について…133　エンド・ケアの内容について…133　看取り介護加算の同意確認について…134　エンド・ケアにおけるスタッフのサポート体制について…134　エンド・ケアのカンファレンスについて…135　エンド・ケアのプランについて…135　グリーフケアについて…135　死別後のケア評価について…135　エンド・ケアについてとくに大切にしていること…136

❷ 介護老人保健施設におけるエンドオブライフ・ケア　136

介護老人保健施設における意義…136　事例の概要…137　エンド・ケア開始から死亡までの経過…137　介護支援専門員（ケアマネジャー）…137　看護師…138　介護福祉士…139　相談員…139　その他の関わり…140　老健でのエンド・ケアの大切なこと…141

❸ 療養型医療施設におけるエンドオブライフ・ケア　141

療養型医療施設の特徴…141　事例の概要…141　医学的判断と今後の経過予測…142　身体状態に合わせたリハビリテーションの継続…142　エンド・ケアが必要な対象であることの認識…142　残された期間の生活の質（QOL）を再考する…143　積極的治療の希望と，治療の限界の間での苦悩…143　終末期医療をどこで受けるか…144　身体的苦痛の強かった便秘へのケア…144　Ⅰさんを理解する…144　多職種チームアプ

ローチ…145　病状の進行と抑うつ症状の出現…145　死の準備と家族の葛藤への寄り添い…145　最期より振り返って…146

❹ グループホームにおけるエンドオブライフ・ケア　146

グループホームでのエンドオブライフ・ケアの特徴…146　事例の概要…147　ケアの実際…147　グループホームでのエンド・ケアの特徴…149

❺ 小規模多機能ホームにおけるエンドオブライフ・ケア　150

小規模多機能ホームでのエンドオブライフ・ケアの特徴…150　事例の概要…150　ケアの実際…151

❻ サービス付き高齢者向け住宅におけるエンドオブライフ・ケア　152

サービス付き高齢者向け住宅の誕生…152　フィジカルアセスメントと健康管理…152　訪問先のサ高住を知り連絡体制と役割を決める…152　事例の概要…153　ケアの実際…153

❼ 地域のエンドオブライフ・ケア　154

本人の意思を支えるための環境の調整…154　事例の概要…154　情報の共有と医療体制及び支援の保証…155

おわりに　157
さくいん　159

＊本文内イラスト作成：江原美幸

第Ⅰ部
エンドオブライフ・ケアとは何か

第1章
本人・家族・援助者が望むエンドオブライフ・ケア

本章で学ぶこと
- □ わが国の高齢社会の現状を知る。
- □ エンドオブライフ・ケアの定義を知る。
- □ 施設におけるエンドオブライフ・ケアの課題について知る。

 **1　わが国の現状とエンドオブライフ・ケア**

☐ 超高齢多死社会の到来

　厚生労働省発表の「平成25年簡易生命表」によると，日本人の平均寿命は男性80.21歳，女性86.61歳である。諸外国に比べても，日本は男女とも世界有数の長寿国の一つである。また，総務省統計局の統計によると総人口に占める老年人口（65歳以上の人口）の割合は26.4％（2015年1月）で，年々上昇している。死亡率は1983（昭和58）年ごろからは人口の高齢化の影響により緩やかな上昇傾向を示している。2013（平成25）年の死亡順位は第1位悪性新生物，第2位心疾患，第3位肺炎，第4位脳血管性疾患となっている。このことは，いまだ世界のどの国も経験したことのない高齢化の加速，多死社会がわが国に到来することを意味している。加齢とともに病や障害，介護，経済の問題，どこで療養し，最後はどこで死んでいくか等の課題が一気に押し寄せる。

　一方で，人生が長くなるということは，多様な人生設計が可能になるということでもある。家族構成をみると，近年では全世帯の4割以上が65歳以上の高齢者のいる世帯である。そのなかでも，夫婦のみの世帯，親と未婚の子のみの世帯は増加し，独居者も多い。反面，三世代家族は減少している。このことから，人生最後の時期（エンドオブライフ）で病や寝たきりになった時には，家族に頼ることはむずかしくなる可能性があり，第三者からの援助が必要となる。

☐ エンドオブライフ・ケアの表記と定義

　エンドオブライフ・ケアでは，本人と家族にとって残されたかけがえのない時間をいか

に質の高いものにできるかで，その価値が高められる。

　わが国では，2030年には多死時代を迎える。とくに高齢者の死が増加する。そこで施設や在宅での看取りケアはますます増大することが予測される。誰もが避けることができない死，しかも心身ともに自分の思いどおりにならない，自己コントロールができない状況下で，他者依存をせざるをえない死にゆく人のライフ（Life），すなわち生命・生活・人生の最期の時間をどのようにケアをしていけばよいかを本書では考えていく。

　2002年にWHOはQOL（生活の質）の改善のアプローチとして「緩和ケア介入」を提唱した。また国際的にもエンドオブライフ・ケアをめぐるさまざまな取り組みがなされている。アメリカ・カナダでは2005年頃から End of Life Care として用いられてきた。続いてイギリスではNHS（National Health Service）の制度下でもこの用語を用いてケアが展開されている。

　終末期ケアは国際的な学会や英語論文においてはターミナルケアからエンドオブライフ・ケアの用語に移行した。そこで本書でも，エンド（最後）のライフ（生命・生活・人生）の質の向上に注目したケアを「生きることを支えるケア」という意味でエンドオブライフ・ケアの用語を用いる。2010年頃にアメリカからはじまり現在は国際的なエンド・ケアの研修である ELNEC（End-of-Life Nursing Education Consotium）の研修テキストでは，End-of-Life を熟語として用いている。そこで本書でもエンドオブライフをつなげてその後に・をつけてケアと表現することにした。これは2015年7月に設立のエンドオブライフ・ケア（End-of-Life Care）協会においても同じである。ただ，現在の日本ではその表記方法は定まっておらず，日本緩和医療学会では現在のところエンド・オブ・ライフ・ケアと表現している。エンドオブライフ・ケアはあくまで人生の終末期を生きる人を大切にするケアだといえる。以下，この用語は文中ではエンド・ケアと省略して用いることがある。

　また，施設でよく使用される「看取り」という言葉は，日本語独自の表現とされる。さまざまな定義があるが，「近い将来に死に至ることが予見される人に対して，その人の苦痛，苦悩をできるだけ緩和し，死に至るまでの期間を，その人なりに生き抜くことができるよう日々の暮らしを援助すること」「無益な延命治療をせずに，自然の過程で死にゆく高齢者をケアする」とされる。このことから，看取りという言葉はエンド・ケアと同じような意味をもつといえる。

　本書では，エンド・ケアとは「診断名（疾患や障害，症状），健康状態，年齢にかかわらず，差し迫った死，あるいはいつかは来る死について考える人が，生が終わる時まで最善の生を生きることができるように支援すること」[6]と考える。この定義のポイントは終末期（エンド期）を，「病気としてではなく，その個人の生の一部として捉える」[7]ことである。

2 エンドオブライフ・ケアと施設

◻ 本人の希望と家族の希望

　内閣府「高齢者の健康に関する意識調査（平成24年）」（対象は55歳以上の男女）によると，「治る見込みがない病気になった場合，どこで最期を迎えたいか」についてみると，「自宅」が54.6％でもっとも多く，次いで「病院などの医療施設」が27.7％となっている。

　また，別の高齢者が考えるエンド・ケアについての調査（対象は老人クラブに所属する985名）によると，約6割が自宅でのケアを希望し，約4割は施設や病院を希望している。「回復の見込みがない状態でもできるだけの医療をしてほしいか」については，「思う」46.8％，「思わない」53.2％であった。また，筆者らが行った認知症高齢者への調査では，どこで亡くなるかの場所よりも，人とのつながり，孤独回避の希望が強かった。

　一方，ケアする家族側から見れば，本人の要望をかなえたいが，とても手がまわらない状況のようである。自身の健康不良，子育てや仕事等の理由から，自宅でのエンド・ケアが困難なことが多い。

　したがって，現実には自宅を選べない人の次の選択肢として，「施設における死」がある。病院と比べて，施設では医療行為は制限されるが，より自然な環境のなかでなじみの職員や家族に見守られる，音楽やレクリエーション，行事など本人のQOL（生活の質）を考慮できる，費用が安くすむ等の利点がある。また，エンド期の前の段階から，本人・家族と援助者が関わっているため，本人が何を好み何を望んでいるかを把握していることが多い。

　ここでいう「施設」とは，高齢者が生活する，療養，介護，機能訓練等を受ける目的のために設置された建物である。介護保険に適用されるもの（介護保険3施設）は，介護老人福祉施設（特別養護老人ホーム：特養），老人保健施設（従来型と介護療養型），介護療養病床がある。これらと一般病床を比べると医師や看護職員，介護職員の配置基準は異なる（表1-1）。それ以外の施設や住まいとして，サービス付き高齢者向け住宅（有料老人ホーム），ケアハウス（軽費老人ホーム），グループホーム（認知症対応型），高齢者専用賃貸住宅（高専賃），高齢者住宅がある。また，地域密着で家庭的なケアを提供するグループホーム（認知症対応型共同生活介護），小規模多機能型居宅介護がある。

◻ 施設エンドオブライフ・ケア実現のための課題

　施設で看取ることに関して，介護職は，エンド・ケアを担当することへの恐怖心をもち，看護師は重い責任を抱くことが報告されている。よりよい看取りの実現は，高齢者と家族の意向の調整，施設内や医療機関との連携協力が必要となる。

　また，エンド・ケアを行った施設の職員は，未整備なケア現場であっても，精魂込めた

表1-1 医療療養病床・介護保険施設の概要

	(参考)一般病床	医療療養病床	介護療養病床	介護療養型老人保健施設	(従来型の)老人保健施設	介護老人福祉施設
ベッド数	約101万床[※5]	約27万床[※5]	約7万床[※5]	約7,000床[※6]（H20.5創設）	約35万床[※7]	約52万床[※8]
1人当たり床面積	6.4㎡以上	6.4㎡以上	6.4㎡以上	8.0㎡以上（大規模改修までは6.4㎡以上）	8.0㎡以上	10.65㎡以上
平均的な1人当たり費用額[※1]（H24改定後）	(※2)	約53万円[※3]	約39.8万円	・療養型 約36.2万円[※4]・療養強化型 約38.3万円[※4]	約30.5万円	約27.6万円
100床当たり人員配置例〔カッコ内は配置基準〕	医師 6.25人 看護職員 34人〔看護3:1〕	医師 3人 看護職員 20人 看護補助者 20人（看護4:1[※9] 補助4:1）	医師 3人 看護職員 18人 介護職員 18人（看護6:1 介護6:1）	医師 1人 看護職員 18人 介護職員 18人（看護・介護3:1 うち看護2/7）	医師 1人 看護職員 10人 介護職員 24人（看護・介護3:1 うち看護2/7）	医師 必要数 看護職員 3人 介護職員 31人（看護・介護3:1 看護は別に定める）

施設の種類　←―――― 病　院 ――――→←―――― 施　設 ――――→
財源　←―― 医療保険 ――→←―――― 介護保険 ――――→

注：※1　介護保険施設：多床室，要介護5の基本施設サービス費について，1月を30.4日と仮定し1月当たりの報酬額を算出．（1単位10円）．
　　※2　算定する入院料により異なる．
　　※3　療養病棟入院基本料1を算定する病棟の患者1人1月当たりのレセプト請求金額（平成23年度慢性期入院医療の包括評価調査分科会報告書）．
　　※4　介護職員を4:1で配置したときの加算を含む．
　　※5　医療施設動態調査，病院報告（平成25年10月）．
　　※6　介護保険総合データベース集計情報より老人保健課推計（平成25年6月分）．
　　※7　平成24年度介護サービス施設・事業所調査より老人保健課推計．
　　※8　介護給付費実態調査（平成25年10月審査分），地域密着型を含む．
　　※9　平成30年3月31日までは6:1でも可．
出所：厚生労働省　社会保障審議会　介護給付費分科会（2014）：平成27年度介護報酬改定に向けて，社保審―介護給付費分科会第105回資料1，2の(1)概況①医療療養病床・介護保険施設の概要の表．

ケアを行い，死生観を認め，自然な死を受け入れ，そのなかで自分自身が成長していくことが報告されている[13]．

　しかしながら，職員が恐怖や重いストレスを抱くことなく，ケアを実現するためには解決しなくてはならない課題がある．それは，ケアの方針・体制づくりと役割の明確化である．方針だけでなく，実際に，夜間はどう対応するか，緊急時にはどうするか，家族への説明は誰が行うのかなど，具体的なケアや担当者を明確にしておかなければならない．そして，職員研修をどうすすめるか，さらに，看取った後のケアの評価や職員へのフィードバックも考えておくべき課題である．

○ 注・引用文献

(1) 厚生労働省（2015）：主な年齢の平均余命，平成25年簡易生命表（http://www.mhlw.go.jp/toukei/saikin/hw/life/life13/）（2015.6.23）.
(2) 総務省（2015）：各月1日現在人口，平成27年1月確定値，平成27年6月概算値，年齢（5歳階級），

男女別人口表（http://www.stat.go.jp/data/jinsui/2.htm）（2015.6.23）.
(3)　厚生労働統計協会（2014）：第1章人口静態世帯数，国民衛生の動向，厚生の指標増刊，61（9），通巻第960号，63.
(4)　同前資料，64.
(5)　同前資料，52，表7を筆者読みとり.
(6)　長江弘子（2013）：患者・家族の生活文化に即したエンド・オブ・ライフケア，Nursing Today, 28（3），12，図3.
(7)　同前資料.
(8)　内閣府（2013）：平成24年版高齢社会白書（全体版），(http://www8.cao.go.jp/kourei/whitepaper/w-2012/zenbun)（2015.7.13）.
(9)　吉田千鶴子（2010）：高齢者が考えるエンドオブライフケア期の迎え方，豊橋創造大学紀要，第14号，95.
(10)　同前資料，100.
(11)　中澤彩，相場健一，内田陽子他（2013）：施設に入所している認知症をもつ高齢者の価値観，第14回日本認知症ケア学会誌，12（1），248.
(12)　深澤圭子，高岡哲子（2011）：福祉施設における終末期高齢者の看取りに関する職員の思い，北海道文教大学研究紀要，第35号，49.
(13)　同前資料，49.

第2章
エンドオブライフの理念と予測する医学的判断

本章で学ぶこと
- □ エンドオブライフ・ケアの理念を学ぶ。
- □ 終末期医療について知る。
- □ 死亡時の診断と死亡診断書作成について知る。

1 エンドオブライフ・ケアの理念

日常的ケアの重要性

エンドオブライフ・ケア（以下，エンド・ケア）は，日々のケアを行う延長上に必然的に訪れる人生の終結の時に必要となる。自宅の次になじみの環境となる施設で最期を迎えることは本人にとって安心であるとともに，家族の介護負担の軽減ともなる。施設でのエンド・ケアを選択した利用者・家族に対し，職員は信頼を得て最期まで関われることに感謝しつつ真剣に取り組むことが求められる。

先に述べたが，「エンド・ケアは日常的ケアの延長線上にある」ことをまず理解しなければならない。施設の日常的ケアはチームケアで行われる。チームケアの一員であることは，仕事の環境に恵まれて学ぶチャンスが多いと考えるべきである。職員は，日々行っている多職種協働による仕事の中で他職種から学ぶことができる。質の高いケアをめざすために，医療・看護・介護・リハビリ・栄養・薬剤や，制度等についても幅広く知識を身につけるべきである。困難事例にも積極的に取り組み経験を積むことによって，認知症のBPSD（行動・心理症候：behavioral and psychological signs and symptoms of dementia）が顕著な事例にも，医療ニーズが比較的高い事例にも対応できる専門性の高い職員に成長し，看取りについても自信を持ってしっかりと取り組めるようになるのである。すなわち，日常的ケアにおいて多職種協働がうまく機能していることが良質なエンド・ケアを行う鍵となる。

第Ⅰ部　エンドオブライフ・ケアとは何か

◻ 高齢者医療の特徴

　エンド・ケアに取り組むに当たり，高齢者医療について確認しておく必要がある。高齢者に対する医療は若年者に対する医療を適用しても，必ずしも良好な結果が得られるわけではない。その原因として，加齢に伴う生理的な変化によって疾病の表れ方も治療に対する反応も若年者とは異なること，複数の慢性疾患を持っていること，それに伴い薬剤数が増え相互作用や薬物有害事象が起こりやすいことなどがあげられる。

　そうした背景があって現在，高齢者を対象とした診療ガイドラインが確立されているわけではないが，高齢者に対し適切な医療提供を行えるよう支援することを目的とした「高齢者に対する適切な医療の指針」[1]が公表されている。

　実際，高齢者は複数の病気を抱えて認知症を合併し，医療必要度・介護必要度が高い場合が少なくない。このような事例については容態が急変した場合，病院に移って治療を受けても必ずしも元通りに回復するとは限らない。よかれと思ってそうしたのに，認知症が悪化し，廃用症候群や他の病気を併発することもしばしばある。むしろなじみの環境で，疼痛・苦痛緩和を優先し，本人に負担のない範囲の検査・治療を受けながら，それまでの日常生活を変えずに穏やかに過ごすという方針も有効な選択肢となる。

　本人とその家族と話し合い，意思決定と合意があれば，病院に送らず可能な範囲の医療を提供しながら引き続き施設内で対応できるように考えておくことも大切である。医療体制に限っていえばもちろん病院の方が整っているが，施設ならではの日常生活を重視した環境で生活の質を優先にした多職種協働のサービスを提供できる。また，何よりもそれまでの関わりの中で構築された関係性が重要である。高齢者医療についての議論はまだ道半ばだが，少なくとも本人・家族各々が「幸せだった」と最終的に納得できるよう，何が大切で何を優先するのか，日頃から十分な話し合いをしておくことが大切である。

◻ 基本的な考え方

　施設にはそれぞれ掲げている理念がある。職員が理念を共有し同じ方向に向かって力を合わせることは大変重要である。筆者の所属する施設では施設理念の下，ケアの基本姿勢としてベック＝フリス（Beck-Friis, B.）[2]が提唱した緩和療法哲学と倫理項目各4つを掲げている。

①　緩和療法哲学

　1つ目は「症状緩和」である。痛くなく苦しくなく過ごせるよう手を尽くす。2つ目は「チームワーク，多職種協働」であり，各職種の専門性を生かしつつ，チームで取り組む。3つ目は「家族支援」である。要介護者を抱える家族は心身ともに負担を背負っており，利用者のみならず家族に対しても常に支援が必要である。4つ目は「コミュニケーション」である。利用者・家族・職員が互いに理解しあい信頼関係を構築してよりよいケアを実現させるため，コミュニケーションが必要である。すでに述べたように，エンド・ケアは日常的ケアの延長線上にある。以上の4点は，日常的ケアにおいてもエンド・ケアにおいても我々が一貫して守るべき基本姿勢である。

② 倫理規定

次に，倫理規定として4つのことを挙げている。1つ目は傷つけないこと，2つ目はよい処置をすること，気持ちがよいようにすること，3つ目は個人の自主性を尊重すること（自己決定の権利），4つ目は公平であること，公正であること。としている。この倫理規定は，生命倫理学者のビーチャム（Beauchamp, T. L.）とチルドレス（Childress, J. F.）が提唱した「医療における4つの倫理原則[3]」と内容が重なる。

掲げられた基本姿勢が実際にケアに生きるためには研修会や委員会を組織し，職員全体に浸透させる努力が必要である。

◻ 生活重視・ナラティブな関わり

職員は本人・家族の日常生活上のさまざまな場面に遭遇する。本人・家族を支援するために，職員にはナラティブな関わりが求められる。ナラティブな関わりとは，たとえば本人には各々固有の歴史があり人生の物語があることを認識することからはじまる。その上で，本人・家族にとって実現可能，かつ，もっとも良好なQOLは何か，一緒に模索することが大切である。

本人は病を持っていても一人の生活する人である。病気の治療も大切ではあるが，むしろ，どのように今を過ごしたいかが重要な問題となってくる。すなわち，石垣靖子のいうように「利用者・家族の生活の自由度を広げる挑戦[4]」が我々のなすべき課題である。「生活の自由度を広げる」ということは，風呂に入った・通じがあった・眠れた・食欲がわいた・歩けた・辛さをわかってくれた・食べた，といった小さなことであるかもしれない。あるいは，その人固有の歴史や物語を知る中でさまざまな発想があるであろう。そのようなことにこそ価値がある。その人の力や機能を見定め，生を全うできるよう生活を支援していかなければならない。これを多職種協働で取り組んでいくのである。

この中での医師の役割は，基礎疾患や合併症の医学的管理・リスク管理を的確に行う一方，本人・家族と繰り返し話し合いの機会を持ち，病状説明を行い，治療方針の選択肢を提示し，本人・家族と共同してよりよい方向性を導くことである。

2 エンドオブライフ・ケアを予測する医学的判断と本人・家族への説明

◻ 高齢者が亡くなるまでの過程

　高齢者が亡くなるまでの過程は多様で複雑である。なぜなら高齢者は複数の疾病や機能障害を抱え，認知症その他も影響して，それぞれのケースで経過が異なるからである。終末期の経過には，緩和医療との関わりの中でマーレイ（Marray, S. A.）らが3つのパターンに分けている。終末期の経過には①悪性腫瘍，②臓器不全，③認知症・老衰等の典型的なパターンがあり，それぞれ特徴的なプロセスをたどる（図2-1）。

　悪性腫瘍の場合は，ある時期までは徐々に進行し普通の生活を送れるが，全身状態が悪化し活動性や体力低下が目立つと，そこからの余命は比較的予測しやすく，最期の時間をいかに過ごすかについて希望はかなえやすい。臓器不全の場合は，よくなったり悪くなったりを繰り返しながら悪化し，悪くなったときは入院治療を受ける場合が多く，病院で最期を迎えることが多い。

　認知症・老衰の場合は，ほかに持病がなければ肺炎や尿路感染症等の繰り返しが問題になることが多い。このパターンは残された時間を予測するのがもっとも困難である。経過が長い分，回復もありうる。酸素投与や補液などの医療的処置によって症状が緩和することもある。また，意識障害・判断力低下のために本人の意思確認ができないことも少なくない。「ここから終末期」と線を引くことはなかなか難しいのである。

◻ 終末期の定義

　終末期の定義については，日本老年医学会では「病状が不可逆的かつ進行性で，その時代に可能な限りの治療によっても病状の好転や進行の阻止が期待できなくなり，近い将来の死が不可避となった状態」とし，日本医師会では「複数の医療関係者が判断し，患者や家族がそれを理解し納得した時点で『終末期（広義）』が始まる」と表現している。

図2-1　死に至るまでの3つのパターン

急に亡くなる場合
（例 悪性腫瘍の経過）

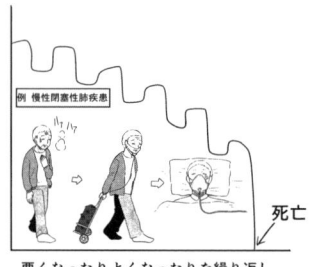
悪くなったりよくなったりを繰り返しながら徐々に状態が経過し亡くなる場合
（例 慢性疾患の経過）

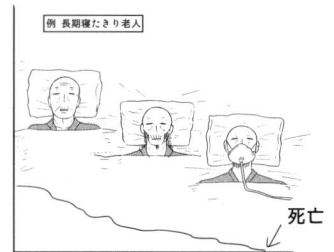
低下した状態が長く続き亡くなる場合
（例 認知症・老衰の経過）

出所：Lunney, J. R. et al. (2003) : Patterns of functional decline at the end of life, *JAMA*, 289 (18), 2388, Figure1をもとにイラスト図作成.

また，全日本病院協会では「『終末期』とは，以下の3つの条件を満たす場合を言う。すなわち，第1に，医師が，客観的な情報を基に，治療により病気の回復が期待できないと判断すること。第2に，患者が意識や判断力を失っている場合を除き，患者・家族・医師・看護師等の関係者が納得すること。第3に，患者・家族・医師・看護師等の関係者が死を予測し対応を考えることである」[8]としている。いずれにせよ，終末期の定義を踏まえ，しっかりとした終末期医療の決定プロセスが重要となってくる。

☐ 終末期医療の決定プロセス

終末期医療の決定プロセスについては，現在，厚生労働省・日本医師会・全日本病院協会等からガイドラインが示されている。施設のマニュアル作成の際には大いに参考にすべきである。筆者の所属する施設では，厚生労働省のガイドライン[9]を使用している。その中で「医師等の医療従事者から適切な情報の提供と説明がなされ，それに基づいて患者が医療従事者と話し合いを行い，患者本人による決定を基本とした上で，終末期医療を進めることが最も重要な原則である」と述べられている。

厚生労働省のガイドラインでは，終末期の治療方針決定については，まず，患者の意思確認ができる場合，インフォームド・コンセントに基づく意思決定が基本である。これは医師・看護師を中心に多職種協働のケアチームとして行う。治療方針の決定に際し，患者とケアチームが十分に話し合いを行い，合意内容は必ずカルテに記載しておく。時間の経過，病状の変化，医学的評価の変更に応じて患者の意思が変わるものであることに留意しておく必要がある。その都度説明し，患者の意思を再確認する必要がある。

治療方針の決定については，患者が拒まない限り，家族に知らせ共有してケアに生かす。患者の意思が確認できない場合には，家族に対し患者の意思を推定してもらい，推定意思を尊重して患者にとっての最善の治療方針とする。家族がいない場合，あるいは家族が判断をケアチームに委ねる場合には，患者にとっての最善の治療方針をとることを基本とする。なお，家族の中で意見がまとまらない場合や話し合いの合意が得られない場合は，委員会を別途設置して治療方針などについて検討・助言する必要がある。

☐ 本人・家族への説明方法と内容

すでに述べたとおり，終末期についての話し合いは多職種協働のチームとして進めることと，本人・家族に繰り返し状況を説明して意思確認することが大切である。その際終末期のみを切り取って考えずに，本人自身の長い人生の中でどのような医療的介入が最善であるかよく考えて選択肢を提示するようにすることが必要である。医療的介入は利用者のQOLを高めるものでなければならない。そして，最期まで施設で過ごすことを選んだ利用者・家族に対しては，苦痛や疼痛を除き安心して穏やかに過ごせるよう手を尽くすことを約束する。

終末期医療についての意思決定のプロセスについては，とくに倫理面の配慮をしなければならない。インフォームド・コンセントは，一般に，「医師が患者に現状と治療の可能

性を説明し，患者はそれを理解したうえで選択肢のなかから希望するものを選び同意する」という説明—同意モデルとしてとらえられてきたが，清水哲郎は，これからの考え方として情報共有—合意モデルを推奨している（本書図9-1参照）。医師は医学情報中心の説明を行い，加えて患者側の人生の事情や考えや気持ちを理解しようとし，患者側に聞くという姿勢を併せ持つ必要があるとしている。患者から得られる情報は，個別の事情や価値観を含むナラティブなものである。こうした情報も兼ね合わせ，意思決定は両者が共同で行い，よりよい道を導き出すものである。常に，本人が主体であることを忘れてはならない。

なお，本人の意思決定が困難な時，家族は本人の人生観・価値観を知っていた場合，意思を推定できる第一候補者と考えられる。

3 死亡時の診断と死亡診断書

☐ 死亡時の診断

利用者のみならず家族もケアの対象であるが，同時に，家族はケア提供者の一員でもある。家族も職員側も協力して一緒にエンド・ケアを進めるべきである。利用者にとって，家族と過ごす時間は何よりも貴重である。とくに死が間近になった場合，家族と過ごす時間を可能な範囲で作れるよう配慮することが大切になる。希望があれば宿泊も可能な体制を作り，家族に対しては，傍らにいることそのものがいかに大切かを伝える。

死亡時の対応については，頃合を見て家族と話し合い，方針を確認しカルテに明記しておく。筆者の所属する施設では，エンド・ケアの先に訪れる死亡については心肺蘇生等を行わず自然に任せることが一般的である。入所中の利用者の呼吸・循環確認ができなくなった場合，家族に連絡し，到着を待って死亡確認を行うようにしている。「死に目に会いたいので呼んでほしい」との希望があることもあるが，交代で付き添う，宿泊することをすすめている。

施設での対応の方向性をあらかじめ話しあって決めておく必要性がある。死亡時の診断は医師が行わなければならない。

☐ 死亡診断書の作成

「死亡診断書記入マニュアル」が各年版として，厚生労働省のホームページにて公開されている。死亡診断書は，人間の死亡を医学的・法律的に証明するものであり，また，わが国の死因統計の作成資料となるという二つの大きな意義を持っている。医師・歯科医師にはその作成交付の義務が法律によって規定されている。

死亡の原因について，疾患の終末期の状態としての心不全・呼吸不全の記入は控えることとなっている。これは，WHOが疾患の終末期としての心停止・呼吸停止をもって心不

全・呼吸不全等と記入することを正しい死亡原因の記入方法ではないとしていることと，それにより，わが国の死因統計が不正確になることからである。なお，疾患の終末期の状態としてではなく，明らかな病態としての心不全・呼吸不全を記入することは何ら問題ない。また，「老衰」は，高齢者で他に記載すべき死亡の原因がない，いわゆる自然死の場合のみ用いる。

　現場の職員は，書類の扱いには十分注意しなければならない。職員は，各施設に整備されたマニュアルにそって，用紙を保管場所から取り出して記載の準備をしたり，記入された書類の記載事項に誤りがないか，記名捺印あるいは署名がなされているかなどダブルチェックを行い，控えのコピーをとっておく。そして，死亡診断書は遺体に付き添う人に渡す。

◯ 注・引用文献

(1) 秋下雅弘代表研究班，作成グループ日本老年医学会，全国老人保健施設協会，日本慢性期医療協会（2013）：高齢者に対する適切な医療の指針，1-15，（平成25年3月25日公表）．
(2) Barbro Beck-Friis：スウェーデンのシルヴィア・ヘメット（認知症緩和ケア研究・教育専門のデイケア施設）初代理事・医師．
(3) Beauchamp, Tom L., Childress, James F.（2001）：*Principles of Biomedical Ethics*, 5th ed., 454, Oxford University Press.
(4) 石垣靖子，清水哲郎（2012）：臨床倫理ベーシックレッスン，5，日本看護協会出版会．
(5) British Medical Journal 2005 [PMID：15860828]．
(6) 日本老年医学会（2012）：「高齢者の終末期の医療およびケア」に関する日本老年医学会の「立場表明2012」（http://www.jpn-geriat-soc.or.jp/proposal/pdf/jgs-tachiba2012.pdf）（2015.8.22）．
(7) 日本医師会（2007）：グランドデザイン2007——国民が安心できる最善の医療を目指して，68．
(8) 全日本病院協会終末期医療に関するガイドライン策定検討会（2009）：終末期医療に関するガイドライン——よりよい終末期を迎えるために，（http://www.ajha.or.jp/topics/info/pdf/2009/090618.pdf）（2015.8.24）．
(9) 厚生労働省（2007）：終末期医療の決定プロセスに関するガイドライン，（http://www.mhlw.go.jp/shingi/2007/05/dl/s0521-11a.pdf）（2015.8.24）．

◯ 参考文献

石垣靖子，清水哲郎（2012）：臨床倫理ベーシックレッスン，日本看護協会出版会．
日本老年医学会（2013）：カラー版老年医学系統講義テキスト，西村書店．

◯ 読者のための参考図書

大蔵暢（2013）：「老年症候群」の診察室——超高齢社会を生きる，朝日新聞出版．
　——専門性の高い内容を，事例を挙げながら一般の人にもわかるように表現している。これからの高齢者医療の方向性を示す濃い内容でありながら誰にも読みやすくまとめられている。
石垣靖子，清水哲郎（2012）：臨床倫理ベーシックレッスン，日本看護協会出版会．
　——看護・介護職員が倫理の勉強をする上で大変参考になる内容が盛り込まれ，エンド・ケアに取り組むに当たり，ぜひ読むべき書である。

第3章
施設エンドオブライフ・ケアのケアパス

本章で学ぶこと
- □ 看取りに関する指針作りに必要な手順を知る。
- □ 看取りに関するケアパスについて知る。
- □ 看取りに関するケアパスに沿って各時期に必要なケアを知る。

1 看取りに関する指針

　看取りに関する指針とは各施設のエンドオブライフ・ケア（以下，エンド・ケア）の考え方や方針を明確にしたものである。作成することによって利用者や家族に理解してもらうだけでなく，施設として何をめざしているのかを話し合い，職員や関係者の意識を統一することに役立つ。看取りに積極的に取り組んでいるほとんどの施設では基本指針を明確にしている。指針には，施設毎に違いはあるものの以下の①から⑦が文章化されていることが多い。

① 当施設における看取り介護の考え方
② 看取りの経過（眠っている時間が長くなる，経口摂取の困難，呼吸が不規則等）
③ 看取り介護の視点・体制（施設における医療体制，24時間の連絡体制，家族との相談）
④ 具体的支援内容（経口摂取，清潔，排泄等の生活介護，苦痛緩和，家族ケア等）
⑤ 支援方法（医師が看取り介護の開始を判断，医師の説明と本人や家族の同意を確認，計画書に基づき実施，個室での対応）
⑥ 夜間緊急時の連絡と対応（介護職員から看護師へ連絡）
⑦ 協力医療機関への連絡体制

　看取りに関する手順としては，表3-1に示したように準備から死亡した後の段階まである。看取りに関する指針はステップ1の最初の段階とされる。

表 3-1　看取りに関する手順

```
ステップ1【実施体制の確立】〈看取りに関する方針と体制の確立〉
      ↓　方針と人的・物的環境の整備等
ステップ2【準備段階】〈利用者本人の意向についての事前確認〉
      ↓　利用者本人の意向の事前確認等
ステップ3【移行段階】〈看取りの実施移行に向けた対応〉
      ↓　看取り移行期の判断，死期についての説明等
ステップ4【実施段階】〈看取りの実際〉
      ↓　施設・自宅・病院の多職種と連携しながらの実践等
ステップ5【事後段階】〈利用者が死亡した後の対応〉
         死亡確認と書類，デスカンファレンス，グリーフケア
```

2　看取りケアパス

ケアパスとは

　パスとは，目標（成果・アウトカム）達成にむけて，その効果・効率的な道筋を示したものである。看取りケアパスは，人生最後の時期をその人らしく生き，人生を終えるために（成果・アウトカム），いつの時期にどんなケアを誰がすればよいか一目でわかるように，ケア項目が標準化され，表や図に示されたものである。パスは通常，主なケア項目を縦軸に，時間・経過を横軸に示した表で作成されることが多く，最後の項目には，アウトカムを設定する。アウトカムとは，ケアを行った成果や結果であり，多職種が向かっていく目標となるものである。

活用事例の紹介

　ここでは，看取りケアパスの一例として「特定非営利活動法人手をつなごう」が作成したものをあげる(1)（表3-2）。横軸の時間軸には，①特養入所時，②看取りケア開始期，③看取りケア実施期，④臨死期，⑤死別期と各ステージを設定している。樋口京子らは開始期，安定期，移行期，臨死期，死別期の5つに分けている(2)。施設では入所時から契約説明の中に最期をどう過ごしたいかについて，話し合う機会をもつ。したがって，施設入所時からエンド・ケアがスタートするものとして，入所時を横軸の時間設定に組み込んでいる。
　また，ケアの内容を示す縦軸には，樋口らの文献を参考にし，施設に合うように，①本人・家族，②介護関係職の支援，③医学・医療の支援，④ケアマネジメント，が設定されている。横軸と縦軸で構成されたマス目には，実際に行うケア項目が組み込まれている。
　表3-2のパスのケア項目は，エンド・ケアを行っている特別養護老人ホーム（以下，特養）12か所に調査を行って(3)，その結果をもとに組み入れた。このパスを見れば，各時期にそれぞれの職種が何を行えばよいかわかるようになっており，実施すれば四角にチェッ

第3章　施設エンドオブライフ・ケアのケアパス

表3-2　看取りケアパス（例）

時期	特養入所時	看取りケア開始期	看取りケア実施期	臨死期	死別期
期間	年 月 日	年 月 日～年 月 日	年 月 日～年 月 日	年 月 日～年 月 日	年 月 日～年 月 日
各時期の目標	□療養生活への期待や希望・不安を述べる □生活歴・健康歴の把握 □事前ケアプラン（ACP）の作成	□終末期の判断 □患者・家族と面談し病状を説明 □看取りケアプランの作成または見直し □ACP作成または見直し	□看取りケアプランの実施 □患者・家族が望む暮らしの実現	□安らかな死をサポート □家族・友人等、介護職の看取りサポート	□死亡時の手続き □遺族・介護者に対する死別ケア
本人・家族　本人	□療養生活への期待や希望に応える □施設の説明を受ける際に医療の対応について説明を受ける □可能であればACPを作成する	□病状説明を受ける □看取りケア（医療処置・ケア）の説明を受ける □看取りケアプランに希望を述べる □看取りケアプランに同意する □ACPを作成または見直し	□今ここで実現したい暮らしの実現 □緩和ケアを受ける □ACPの見直し	□安らかで、尊厳を保持された状態で過ごせる □家族・友人・介護者の見守りの下で過ごし、別れを迎える	
家族	□家族の立場から療養生活に対する希望や不安を述べる □施設の説明を受ける際の医療の対応について説明を受ける □可能であればACPを作成	□病状説明を受け、看取りケア（医療処置・ケア）の説明を受ける □看取りケアプランに希望を述べる □看取りケアプランに同意する □ACPを作成または見直し	□今ここで実現したい看取りケアができる □ACPの見直し	□心残りなく最期の看取りができる □悲しみの表出	□希望によりエンゼルケアへの参加 □必要時、グリーフケアを受ける □追想会への参加
介護関係職の支援　施設長・介護管理者	□入所に際してのACP同意書確認 □重要事項看取りに向けたACP同意書確認	□医師の終末期説明に同席 □看取りに向けたACP同意書確認	□看取りケアの総括 □ケアに対する家族の反応観察	□看取りケアの総括 □死亡後の対応について家族と相談	□家族と死亡後の対応相談 □見送り、通夜・告別式参列 □追想会への参加
介護職員	□包括的アセスメント：①②③④⑤ □入所時の状態報告 □ケアプラン立案	□看取りケアプラン立案 □状態の観察、看護への報告 □保清 □排泄 □食事 □活動 □療養環境の調整 □看取りケアプランの説明と同意確認	□看取りケアの実施 □状態の観察、看護への報告 □保清 □排泄 □食事 □活動 □看取りの病床の環境調整 □本人・家族の不安の傾聴・心理的サポート	□状態の観察、看護への報告 □保清 □排泄 □食事 □活動 □看取りの病床の環境調整 □本人・家族の不安の傾聴・心理的サポート	□エンゼルケアを写真アルバムを渡す □寄せ書き等アルバムを渡す □見送り、通夜・告別式参列 □デスカンファレンス参加 □追想会の企画・運営
生活相談員	□状態と嗜好に応じた食事の提供	□家族の家族面談と相談 □看取りケアプランのモニタリング	□家族連絡・相談 □看取りケアプランのモニタリング	□医師の病状説明に同席 □死亡後の対応について家族と相談	□家族と死亡後の対応相談 □見送り、通夜・告別式参列 □デスカンファレンス参加 □追想会への参加
管理栄養士	□状態と嗜好に応じた食事の提供	□食事、水分摂取量の把握 □状態と嗜好に応じた食事の提供	□食事、水分摂取量の把握 □オンコール指示		□デスカンファレンス参加 □追想会への参加
医学・医療面の支援　医師	□診察 □医学的治療計画の処方・指示	□終末期の判断 □家族面談：終末期の告知、ACPについてのIC	□オンコール指示	□家族への病状説明 □オンコール指示	□死亡確認、死亡診断書の作成 □家族への説明 □デス・カンファレンス
看護師	□入所時アセスメント：①②③④⑤ □医師の状態報告 □重要事項看取りに向けたACP同意書確認 □入所時カンファレンスの開催	□包括的アセスメント：①②③④⑤ □医師の家族面談に同席 □看取りケアプラン立案 □看取り直接ケア・急変時の対応策・夜間・急変時の対応・家族への説明、心理的サポート	□緩和ケアの実施とモニタリング □医師への状態報告 □夜間緊急時オンコール対応 □保清等の直接ケア・介護職に実施 □家族への説明、心理的サポート □医師への状態報告	□状態観察とモニタリング □夜間緊急時オンコール対応 □保清等の直接ケア・介護職に実施 □家族への説明、心理的サポート □医師への状態報告	□死亡診断書の管理 □エンゼルケア □デスカンファレンス参加 □追想会への参加
ケアマネジャー	□包括的アセスメント：①②③④⑤ □家族との面談 □看取りカンファレンスの開催 □看取りケアプランの説明と同意確認 □ケアプラン作成	□包括的アセスメント：①②③④⑤ □家族との面談 □看取りカンファレンスの開催 □看取りケアプランの説明と同意確認	□看取りケアプランのモニタリング	□患者・家族を見舞う	□デス・カンファレンス開催（看取りケアプランの評価） □必要時遺族に対するグリーフケア（生活支援の専門機関へつなげる） □追想会の開催

出所：田中志子、小玉幸佳、小泉美佐子、内田陽子他（2012）：特別養護老人ホームにおける看取り介護の質保証のためのシステム開発と経済効果に関する調査研究事業——看取りケアパスの開発とアウトカム評価、46、特定非営利活動法人手をつなごう。

クを行う。

 3 ケアパスの使用方法，多職種との協働運用

☐「特養入所時」から看取りを意識する

表3-2のパスは特養入所時から活用することとしている。これは特養への調査で、いつからが看取りケア開始かという質問で、「食べられなくなった時」や「悪性腫瘍の診断があった時」などとの回答もあったが、「特養に入居した時」と回答した施設が多かった。特養は現在入居の基準として「要介護度3以上」とされており、入居の時点で超高齢、要介護度が高い、医療依存度が高いなど利用者の状態は重度化している。つまり、入居の時点から最期を意識してケアをする必要があるということである。

また、入居時にはどのような生活を望むか、どこまで医療的な介入を望むか、看取りの場はどこにするか、といった意思確認を行い、職員も意向を把握し、これから始まる特養での生活を共に構築していくことが望まれる。多くの特養では入居時に受けたい医療や望む看取りの場等の意見を事前確認書（表3-3）に記載している。実際にケアパスを運用する際には、その施設の方針や確認しておきたい項目に沿った内容の用紙も別添資料として作成しておく必要がある。

☐「看取りケア開始時」でのケア

加齢や認知症の進行に伴うエンド期は比較的進行がゆっくりで、予後が予測しにくい特徴がある。しかし、肺炎や尿路感染などの感染症、治療、外傷等を繰り返しながら徐々に機能が低下し、死を迎えることが多い。この時期は食事や水分をできるだけとれるようにする、身体の清潔を保つ、排泄など生活の援助を忠実に行いながらも、エンド・ケアのプランの方向性を決めておく。

☐「看取りケア実施期」でのケア

この期は、本人や家族が望む暮らしの実現のためにケアを進めていく。本人ができることを尊重し、家族もやり残しのないようにケアに参加してもらう。また、揺れ動く本人と家族の心に応じてプランの修正を行い、柔軟に対応していく。家族への夜間、急変時の対応も明確にしておく。

☐「臨死期」でのケア

臨終が近づくと表3-4のような身体の変化が現れる。この症状が出現した場合、「いよいよ」その時が近づいていることを意識して関わる。職員は、これらの症状は死の経過として特別なことではなく、自然の経過であることを家族に伝え、息を引き取った場合の連

表3-3　事前確認書の例

＊施設での看取りの方針を記載 ←

1．看取りの場の希望
　　最期はどこで迎えたいですか？
　　□当施設　□自宅　□病院（希望する病院：　　　　　）
　　□状況によって

2．緊急時，延命治療は希望されますか？ ←
　　□希望する（□心臓マッサージ　□人工呼吸器（気管内挿管）
　　　　　　　　□中心静脈栄養　□降圧剤　□輸血　等）
　　□希望しない
　　□延命は希望しないが，施設でできる範囲の医療行為は望む
　　　（例：□末梢の血管からの点滴　□酸素吸入　□吸引）

3．加齢や認知症の進行に伴い，食事がとれなくなった場合，どのような対応を望まれますか？
　　□経鼻経管栄養　□胃ろうの増設　□当施設でできる範囲
　　□状況によって

　　　　　　　　　　　　　　　　　　　　　署　　名（代筆者氏名）

※いつでも内容の変更は可能であることを伝える。
※本人の意思が明確でない場合は家族と，本人が元気だった時の人となりを話し合いながら，作成する。

「当施設では十分な延命処置は行うことができません。延命を希望される場合には病院へ入院していただきます」等，施設でできること，できないことを明確にしておく。

出所：筆者作成．

表3-4　臨死期での症状

変化項目	状　態
血圧・脈	血圧の低下，脈が触れにくい
呼　吸	リズムが乱れる，弱く，時々止まる
尿	量が減る，失禁する，尿が出なくなる
意　識	声をかけても刺激しても反応が乏しい，反応なし
死の3大兆候	呼吸停止・心拍停止・瞳孔散大

絡方法や，旅立ちの衣装，見送りの方法について確認をしておく。

☐「死別期」でのケア

　この期は，悲しみや無力感・脱力感が起き，時にはその感情が長引く。悲しみが続くことは，遺族だけでなく，職員にも起こることがある。大切な人を亡くした悲しみを癒すには，故人を振り返り，冥福を祈るグリーフケア（本書第7章第4節参照）が有用である。

☐ 多職種との協働運用

　表3-2で示した看取りケアパスでは，横軸の「特養入所時」や「看取りケア開始期」から「死別期」の各時期に本人・家族に対して各職種が行うことが望ましいケアを縦軸に記載してある。

それぞれの職種の役割を意識しながら充分なケアを各期に行えるようケアパスを多職種で活用する。

◯ 注・引用文献

(1) 田中志子，小玉幸佳，小泉美佐子，内田陽子他（2012）：特別養護老人ホームにおける看取り介護の質保証のためのシステム開発と経済効果に関する調査研究事業――看取りケアパスの開発とアウトカム評価，46，特定非営利活動法人手をつなごう．
(2) 樋口京子，篠田道子，杉本浩章，近藤克則（2010）：高齢者の終末期ケア，65，68-69，中央法規出版．
(3) 前掲注(1)，18-46．
(4) 同前資料，18-46．
(5) Patricia, A. B.（2005）：Enabling the transition to hospice through effective palliative care, *Case Manager*, 16（1），49．

第Ⅱ部
エンドオブライフ・ケアの実際

第4章
施設でのエンドオブライフにおける基本的生活ニーズとケア

本章で学ぶこと
- □ 一日の生活リズム作りや，睡眠・休息・運動のケアについて知る。
- □ セルフケア能力を活かすケアについて知り，食事，排泄，事故防止のケアについて知る。
- □ 清潔ケア，口腔ケアについて知る。

1　一日の生活リズム・楽しみの作り方

□ 一日の生活リズム・楽しみを作る意義

　エンドオブライフ・ケア（以下，エンド・ケア）では，「今をどう生きるか，どう生きたいか」について利用者の声を聞きながら支援することを原則とされる[1]。しかし，利用者は，未来に対して絶望感をもち，「今をどう生きるか」を考える余裕がない場合が多い。

　とくに，施設利用者や入院患者の場合は，治療やケア，日常の支援を受動的に受けることで，主体的に生活する意欲が一層低下しやすい傾向にある。このようなホスピタリズムのマイナス面を埋め，個別ケアを追求するために，グループホームやユニット型特養が制度化された。しかし自宅のように本人のペースに任せるという理由で，身の周りの世話以外は何も行われていないケースも見かける。

　刺激の低下は精神や脳に影響を与えるだけでなく，身体的な機能低下に繋がり廃用症候群を起こす。エンド期においても，残存能力を活かし本人の「できること」を引き出し，個々に応じた「一日の生活リズムやスケジュールをつくる」（表4-1），「毎日の楽しみや生きがいを見つける」ことが必要となる。サーカディアンリズム（概日リズム）とは，約24時間を周期とする内因性のリズムで，生命現象と密接に関わっている。エンド期になると，不眠，痛み等でリズムが乱れる。症状の緩和と共に，日中，活動性を高めることも重要なケアである。

□ 楽しみの作り方

　エンド期における利用者は苦痛と不安，恐怖の中に生きている。しかし，その中におい

表4-1　その人にあった生活援助プラン例

一日のスケジュール		ケア日記
6：00	起床	窓を開けて小鳥の声を聞いたり，緑を見る
7：00	朝食	本人の好きなフルーツゼリーを職員が介助して摂食
9：00	散歩	施設一同車いすで近くの公園に行く
13：00	昼食	少し遅めのランチタイム，ミニおにぎりとお味噌汁。軟食を職員が介助して摂食
15：00	昼寝	
20：00	入浴	仕事帰りの娘さんの介助で入浴する（職員見守り）
21：00	夕食	娘さんと一緒に夕食（ホットミルクとトースト，サラダ）
22：00	就寝	娘さん見守って帰られる

ても希望や生きがい，楽しみをもてるように援助する。ある調査では，エンド期における利用者の生きがいには，①気持ちよい看護ケアを受ける，②外に散歩に行くこと，③楽しかった思い出を語ること，④家族と話をする，⑤おいしいものが食べられる，⑥いろいろな人に助けられている等が報告されている。このようにエンド期にいる者の楽しみは，日常のあたりまえの生活の中のなにげない出来事，人々との交流の中から生まれることが多いようである。

2　セルフケア能力を活かすケア

□ セルフケアとは

セルフケアは「個人が生命，健康および安寧を維持する上で自分自身のために開始し，遂行する諸活動の実践」とされている。オレム（Orem, D. E.）は，人間はセルフケア能力を有する生物的・心理的・社会的存在であり，①普遍的セルフケア要件（空気や水分，栄養，排泄などの基本的な事），②発達的セルフケア要件（生命と成熟の発達に関する事），③健康逸脱に対するセルフケア要件（疾病や障害に関する事）の3つの状態に充足する力をもっているとした。医療・介護職は，これらの要件を意識して，エンド期であってもセルフケアを助けていく。

□ 自分でできなくなること

がんのエンド期において自分でできなくなるADL（日常生活動作）に関する調査によると，死亡10日前頃より，移動の障害，そして排尿，排便の障害，死亡8日前頃より食事・水分摂取の障害，死亡2日前から会話，応答も徐々に障害される。移動は疼痛，倦怠感，浮腫，呼吸困難，意識レベルの低下の症状やそれに対する薬剤投与などでできなくなる。排便・排尿はトイレまでの歩行が困難で，かつ便秘になり，排便に時間がかかり，失禁が多くなる。水分や食事は，意識レベルの低下に伴い，本人が希望しなくなる。したがって，

職員はできなくなる順序の特徴を理解し，今までできることは活かしながらもできないことを介助し，福祉用具もうまく活用していくことが求められる。

☐ エンド期を生きるセルフケアの支援方法

エンド期を生きる者は，「日々悪化していく身体に対するケアは自分でやった方がうまくいくし，自分で請け負うべき」と思っている反面，「他者依存する身体からくる不安や心細さ」を感じている(6)。エンド期を生きる者は，自分でできることは自分でしたい，しかし他者の力を借りなければならないという葛藤の中，「死に向かう状況でも，他人の手を借りてでも今の生活を充実させよう」と懸命に生きているのである。そこでは，さりげなく声をかける，手を差し出す，といった自然の関わりが求められる。無理強い，強制的な介入は控えるべきである。

３　食事のケア

☐ エンド期における食べることの意味

ドイツ語では，人間が食べることを ESSEN（エッセン），動物が食べることは FLESSEN（フレッセン）といって区別している。FLESSEN は，栄養をとって生きるために食べることであるが，ESSEN には，他の人と話しながら美味しく食べる等の意味が含まれている(7)。このように人間にとって食べることは，生命維持といった身体の栄養を得ることだけでなく，「この食べ物をこの順にこれだけ食べよう」などと選択する主体性の発揮や，コミュニケーションの場，お腹を満たす満足感や精神的な安らぎなど，心の栄養を得ることでもある。

ところがエンド期には，嚥下・咀嚼機能をはじめとする全身機能の低下により，どのような方法をとっても栄養素を身体に取り込めない状態がいつか訪れる。そして身体の栄養を得るという意味付けが失われていく。しかしながら，エンド期の利用者にとって食べるとは，不足しつつある身体の栄養を心の栄養で補いながら，生きる意味をもう一度得ることである。

このようにエンド期においては，食事は重要な意味をもつ。そのため医師の診察によりエンド期に入ったと確認された時は，早いタイミングで，職員と本人・家族との間で，食事に関する話し合いをもつことが求められる。胃ろうや補液等の医療的ケアを望むのか，口から食べられるだけ食べて自然の経過で最期を迎えるのか，などの方針を決定することが必要である。

☐ 食事の工夫

口から食べやすくするために，軟菜食やミキサー食等利用者の嚥下機能に合わせた食形

図4-1 ベッド上での食事の姿勢

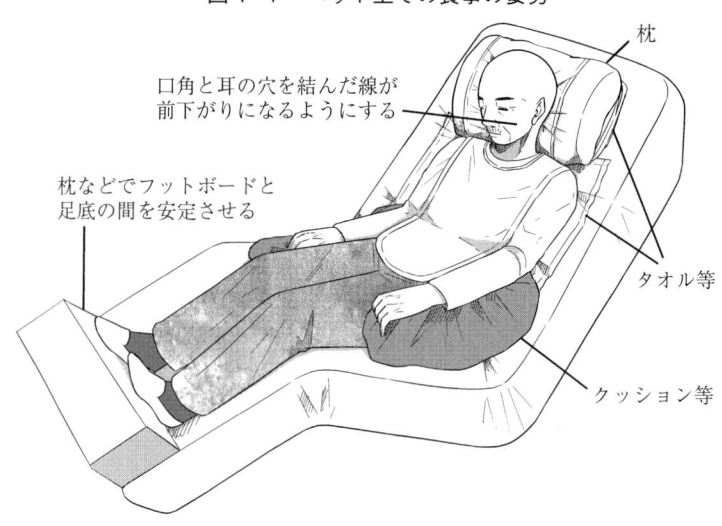

- 枕
- 口角と耳の穴を結んだ線が前下がりになるようにする
- 枕などでフットボードと足底の間を安定させる
- タオル等
- クッション等

態を工夫することが必要となる。最期は固形物が食べられなくなることが多いため、アイスクリームやプリン、ゼリー、温かいスープ等を準備する。また、家族がいる場合は、可能であれば協力をお願いする。本人が食べたいものが食べられるように、本人に確認しながら準備する。

食べられるときと食べられないときの波があるため、食べられないときには、シチューをミキサーにかけてみる、ゼリーはどうかなど、加工法を変えたり、見た目を変えたりして工夫してみることも大切である。

また定時の食事時間にとらわれず、本人が好きなものを、食べたいときに食べられるようにする。たとえば、寝ているベッドの柵に袋を下げ、好きな食べ物を入れて自分で取れるようにし、目が覚めているときに「食べてみますか？」など声掛けしていく例などもある。

◻ 安定した食事の姿勢

咀嚼や嚥下をするときは、全身、とくに下半身の安定が重要である。車いすの場合は、臀部が背もたれに空間なく接するよう深く座面に座り、足底を床につける。身体が傾くときは、バスタオルやクッション等で空間を埋めてまっすぐにし、前傾に姿勢を保つ。ずり落ち、前方に倒れそうなときは、立体的な座面クッションや背張りの調整、座面や背もたれの角度が調整できる車いすを使用する。

ベッド上では、ベッドの背上げ軸に骨盤を合わせて、30〜60度にギャッジアップする（図4-1）。一般的にベッドの上で食事を食べるときは60度、口に入れたものが喉を通過する際に障害が起こるときは30度にギャッジアップする[8]。必要な角度まで起きたら、身体をベッド面から離す、背抜きや腰抜き、足抜きを行い、服のシワを伸ばして背中や臀部などの圧迫やずれを解消する。ベッドを水平に戻したときも同様に、臥床した体位を側臥位にして背中の服を整えて戻す背抜きなどを行う。身体はまっすぐに整え、肩甲骨や軽く曲

げた膝下，足底などベッド面と身体が離れている箇所には，折ったタオルやクッション等を置き，上半身や下半身の安定を図る。車いすでもベッド上でも，顔は正面からやや下をむいて，顎を引いた状態を保つようにする。身体が後傾して上向きの姿勢になると，気管が開いたままとなって食べ物や水分が気管に流れ込みやすく，誤嚥を起こす危険性がある。ベッド上などでは頭部の下に枕やタオルなどを置いて，頸部や頭部を安定させる。口角と耳の穴を結んだ線が，前下がりになるようにするとよい。[9]

▢ 使用する食器

食事に使用する食器は，内容物を認識しやすいよう，本人が使い慣れたものにする。ふたつきの器にすると，好きなときに食べることができる。また小さめの器にすると，食べた量への印象も変わる。

自分で食べられるときは，本人の状況に応じて，食器の下に滑り止めマットを敷く，握りやすいスプーン，器の内側が垂直に立ちあがっているすくいやすい器などの自助具を使用する等の工夫が必要である。たとえば普通の器でも食品用ラップフィルムをフチの一部分に被せると，すくいやすい器の代用品となることがある。食事介助用スプーンは，一口量が多いと嚥下しきれず，口に残ったものを吸いこんで誤嚥してしまうことがあるため，小さめのものがよい。スプーンでの摂取が難しくなったときは，注射器でミキサー食を1口分ずつ注入する方法もある。

▢ 食事の介助

自分で食べられるときは，基本的に見守り介助とする。介助が必要なときは疲労感が出てくる後半に食事介助を行う。スプーン等で口に食べ物を運ぶ動作のときに肘を支えるなどの補助的な介助を行う。

食事介助を行うときは，正面の，目で見て分かる位置に食事を並べ，においを嗅いでもらう等をして，食事を食べる意識付けを行うようにする。正面から食べ物が口に入るように右側から介助するときは右手で，左側から介助するときは左手で食事介助を行う。舌に麻痺があるときは，麻痺のない側に食べ物をのせて，送り込みを助ける。開口動作が難しいときは，食べ物がのったスプーンを下唇に軽く触れて，口が開くのを待つ。唇が緩んだらスプーンを唇に滑らせながら口の中に入れる。スプーンを引き抜くときは，顎が上がらないように上唇に滑らせながらやや上に向けて取り出す。[10]

家族の来訪があった場合には，利用者が食事を食べている様子を，できる限り見てもらうようにする。本人の身体状況や栄養摂取の現状だけではなく，満足しているかどうか心の状態をも，家族に理解してもらうためである。

▢ 水分の摂取

水分は，利用者本人が希望するものを提供するが，むせるときにはとろみ剤やゼラチンを加えて粘度をつける。舌の動きが弱くなっているときは，舌の上に保持しておくことが

できず，無意識のうちに咽頭へ送り込まれ，気管に入ることもあり，むせやすい。とくに固型物よりも水分でむせやすくなる。水分などへのとろみの粘性は0.5〜1％とし，1％のとろみでもむせる場合はゼリーにするなど，その人にあった粘度を調整する。また，1％以上だと，口の中のべとつきが増えて咽頭壁に付きやすく，味も本来の味と変わるので注意が必要である。飲み込みが難しくなってきたときには，水やレモン水，ジュースや乳酸菌飲料などを製氷皿に入れて冷凍庫で氷にし，口に含んでもらうと，喉の渇きを潤すことができ，水分摂取の助けになる。ゆっくり溶けて唾液と同じような感じになるため，他の食べ物より食べたいと希望されることが多い。

◻ 食事や水分の摂取量について

一般的な食事の摂取量は，日本人の食事摂取基準によれば，身体活動レベルがもっとも低い70歳以上の男性の場合は1,850kcal，女性の場合は1,450kcalとなっている。しかしこの数値は，ほぼ自立した日常生活を送ることができる高齢者が対象で，全身衰弱が進んだエンド期を迎えた高齢者に関する表記はない。人間にとって必要な栄養や水分の量を求めるために，年齢や体重を基にした計算式はあるものの，「身体の動きが極端に減った超高齢者にはどれくらいの水分とカロリーが適切なのか，それを明らかにした論文は見られない」と石飛幸三は述べている。エンド期の後半では，摂りすぎた栄養や水分は身体で吸収しきれず，身体がむくんで循環障害が起こったり，痰や唾液が増えて誤嚥しやすくなったりするなど，身体に負担を及ぼすようになる。このように身体への栄養が取り込めず生命の終焉が近づいてきた場合には，残された時間の中で，何を優先していくのかを本人や家族とともに考えることが重要となる。

また，食べられる物であっても，介護者は食事介助中に本人の表情やサインを見逃さずに読み取り，無理に食べさせない，誤嚥が起こって危険だと思われたら食事介助を止めることも必要であろう。そのためには，他職種や家族にそれまでの食事の様子を見てもらったり，報告するなどして利用者の状況を把握してもらうことが必要である。また多職種間で話し合いをもち，支援方法の統一を図っておくことが重要である。

4 排泄のケア

□ エンド期における排泄の意味

エンド期は，全身衰弱や水分・食事摂取量の減少等によって，尿量や便量が減り，尿閉や便秘などで，それまで行っていた排泄が難しくなる。

排泄は，幼少期からの習慣的行為であり，自我や自尊を形成する重要な行為でもある。フロイト（Freud, S.）は，3歳頃までに排泄が自立し，環境に対する能動的姿勢が芽生えるとした[15]。エリクソン（Erikson, E. H.）も，幼児期前半に自分の身体を自分の意思でコントロールすることで，心的自信が芽生えるとしている[16]。

エンド期の進行とともに，一つひとつ日常生活の行為ができなくなる利用者にとって，「排泄だけは自分でしたい」と思うのは当然のことであり，介護者は，利用者の思いを最大限に尊重しなくてはならない。

□ 排泄の目標を設定し，統一したケアを行うために

エンド期は，尿・便意を感じて訴える，トイレまで歩く，ドアの開閉，立位・座位の保持やトイレ内での衣服始末，排泄後の清拭など一連の排泄動作が難しくなる。介護者は，動作のどの部分ができる，できないのかを注意深く観察し，見守り，部分的な介助，全介助と支援の段階を判断する。ケアの目標は，利用者の意思を尊重した排泄であるが，体力の消耗を抑えるために，移動の際の車いす使用やポータブルトイレの設置，オムツの使用等のケア方法も考える。

オムツの使用については，たとえば，一度の失禁で，排泄介助が大変だからオムツにするという短絡的な考えに流されない。やむなくオムツにする場合も，本人や家族の同意を得ることが重要である。

□ 排泄する環境を整える

エンド期では，トイレで座位をとることが難しくなる。トイレなどに座る姿勢が後傾になるときは，前方に，手をつく支えとなる椅子や台，固定型歩行器を置くと前傾姿勢を保ちやすい。身体が小さく臀部が便座の中に入ってしまうときは，子ども用補助便座を利用すると座位が安定する。便座に座ると足が床につかない場合には，雑誌をガムテープ等で縛った足のせ台（図4-2）などを置き，踏ん張っていきむことができる体勢を整える。

トイレまで歩く場合は，歩行負担を軽くするために，居室内のベッドや家具の位置を変更し，よりトイレに近くなるよう工夫する。手すりの他手すり代わりに棚やテーブル等を配置し，自力でトイレに行くことができるように動線環境を整える。

ポータブルトイレを使用する場合は，両足が地面に着き，足が引ける高さで，背もたれ

図4-2　足のせ台の工夫

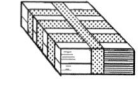

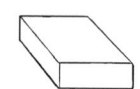

雑誌等を使って
ガムテープで固定
する。

可能ならば
包装紙や色画用紙を貼り，
その上に透明ブックカバー
を貼る。また，裏に滑り止
めを貼るとよい。

や肘当てのある物を選択する。また本人の動きを観察して，介助バー等の位置を決め，体力の消耗が少なく移動しやすい環境を整える。畳上に置くときは，汚れた際にすぐ拭き取れるよう，下に風呂用マットを敷いておくとよい。また，便と尿が混ざると臭いが強まる[17]ため，排便についてはトイレで行ったり，それができない場合は使う毎に排泄物を捨てるようにするとよい。また，脱臭剤なども適切に使用することを考える。

◻ トイレやポータブルトイレの介助

　トイレ誘導は，本人の排泄パターンとあわせ，表情や訴え，介護者の声掛けによる反応で，排泄サインをキャッチして行う。トイレは和式ではなく洋式を使用し，プライバシーを配慮しながら見守りや介助を行う。トイレまでの歩行介助移動が難しいときは，車いすを使用する。

　トイレやポータブルトイレに座ったときは，腹圧がかかるよう前傾姿勢で踵を上げた「ロダンの考える人」の姿勢にし，必要に応じて腹部マッサージを行って腸の蠕動運動を促す。座ってもなかなか排泄できないときは，水が流れる音を聞くと排尿が促されることがあるため，トイレの水を少し流してみるとよい。「尾骨の少し上あたりを手のひらでグルグルとマッサージすると多量に排尿がある[18]」といわれている。また，タオルを70～75℃の湯で絞ってタオルの温度を確認して，ヤコビー線（図4-3）を中心に腰背部へ当て，

図4-3 ヤコビー線

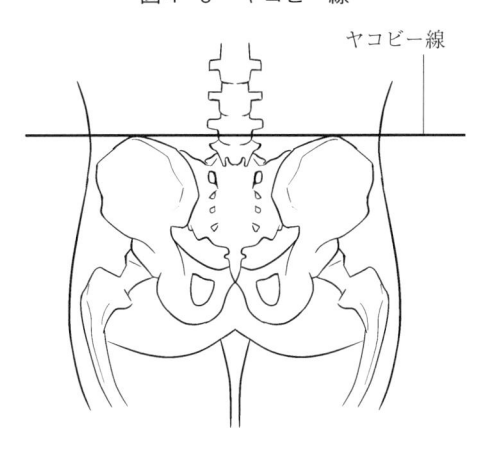

ビニールとバスタオルで覆い10分間貼付する温罨法は,小腸や大腸など腸管の動きを促進することが明らかになっている。[19]

利用者によっては,日中はトイレを使用し,夜間のみ転倒や失禁の防止,負担を軽減するためポータブルトイレを使用する場合もある。本人の状況に合わせて,判断する。

☐ オムツ交換の介助

エンド期の後半に,慢性的な疼痛がトイレへの移乗や座る行為によって激化するときや,肛門筋や尿道括約筋がゆるんで失禁するとき,全身の倦怠感により排泄動作に苦痛が生じるときには,オムツを使用する。オムツは,常時使う場合もあれば,日中はトイレやポータブルトイレを使用し,夜間のみ使用する場合もある。

オムツ交換をする際には,全身が衰弱しているためにオムツをし,他人に排泄介助を委ねなければならない利用者の気持ちを受け止めながら,ていねいに,かつすばやく交換を行う。頻尿のため,夜間のオムツ交換で利用者の苦痛や負担が増す場合は,夜間対応型の吸収力が高いオムツを使用する。

オムツ使用時の留意点には以下があげられる。テープ止め紙オムツの中に尿パットを当てるときは,褥そう予防のため,しわがないようしっかり広げる。テープ止め紙オムツのテープをとめるときは,下テープは斜め上に向かって,上テープは腰骨にひっかけるようにして斜め下にとめると隙間ができにくく,漏れにくい。股関節部分の立体ギャザーを指で立て,尿漏れを防止する(図4-4)。尿漏れによる衣服交換は本人へ負担がかかるので注意する。

☐ 肌を清潔に保つ

高齢者の肌はもともと脆弱で乾燥傾向にあるが,さらにエンド期に入ると肌トラブルや褥そうの危険性が高くなる。排泄後は微温湯(37〜39℃)で洗浄し,軽く押さえて水分を取り,ワセリン等の保湿剤を塗る(ワセリンはべとつきやすいので,塗りすぎには注意する)。スプレー式の皮膚保護剤などを塗って,尿や便が発赤した皮膚に付着しないようブロック

図4-4　パンツやオムツの当て方の工夫

①のテープは斜め上に向かって，②のテープは斜め下に向けて止める。

外側ギャザーは外向きに
内側ギャザーは内向きに立てる。

指が一本入る程度のゆるみ

する方法もある。

　オムツやリハビリパンツ，尿パットは，とくに尿や汗によって蒸れやすくなるため，肌がふやけて傷つきやすく，放置すると褥そうなどの皮膚疾患を起こしやすい。排泄があった際は，できる限りすばやくオムツを交換することが必要である。尿意を本人が訴えられる場合は，布パンツや布パットを利用する。

　また，エンド期は，水分や食事摂取量の減少により排泄物量も減少するため，オムツの使用は止め，布パンツと薄い尿パットで対応することも検討するとよい。

5　転倒・転落，事故予防のケア

なぜ転倒や転落が起こるのか

　エンド期における転倒や転落の内的要因には，筋力低下などの身体的な衰弱状況や，鎮痛剤，睡眠剤等の薬剤使用による副作用，心理状態などがある。服薬による転倒要因について平松知子は，表4-2のようにまとめている。介護職員は，看護職員と連携し，本人の服用薬の種類や副作用の情報を集約して理解しておく。また，薬の副作用によるふらつき等が見られる場合には，医師へ薬剤の調整を相談する。

　利用者のなかには，たとえば自立が困難であるにもかかわらず，立とうとし，転倒してしまう場合も少なくない。その背景には，介護者への遠慮，「まだこのくらいは自分ひとりでできる」という自分の身体への期待や，日毎に衰弱していく身体への不安や恐怖心の中，自分の身体状態を確かめたい等さまざまな思いが考えられる。介護者は，こうした利用者の行動の背後にある気持ちを理解しなければならない。

表4-2 転倒要因となりうる薬剤とその副作用

薬　剤	転倒リスクとなる可能性のある副作用
ベンゾジアゼピン系睡眠薬・抗不安薬	眠気・ふらつき，脱力・筋緊張低下
抗うつ薬	起立性低血圧，パーキンソニズム
降圧薬	起立性低血圧，めまい・失神
抗精神病薬	パーキンソニズム，起立性低血圧，眠気・ふらつき
抗てんかん薬・非ステロイド性消炎鎮痛薬	眠気・ふらつき
抗パーキンソン病薬	せん妄状態
制吐薬	パーキンソニズム
血糖降下薬	めまい・失神

出所：平松知子（2013）：リハビリテーション病棟における転倒のハイリスク要因，リハビリナース，6（3），225．

　また転倒や転落に至る外的要因には，不適切なベッドや手すりの高さ，車いすなどの整備不良等の物的環境と，介護者が不適切な介助を行ってしまう人的環境等がある。転倒や転落をしても身体的ダメージが少なくなるように，外的要因である物的環境（低床ベッドにする，ベッド下にマットを敷くなど）や人的環境（その人に合ったケア方法を行うなど）の見直しが必要である。

移乗・移動時の転倒・転落を防ぐケア

　エンド期に入ると移乗介助が多くなるが，その人の力を最大限に活かし，安全を確保する介助を心がける。本人が少しでも自分の力で動けるときには，ベッド等の高さ調節を行う。介助バーを取り付けるなどして自分でゆっくり移ってもらう。エンド期にある者は，浮腫のために膝や足首を十分に曲げたり，足裏を床にきちんとつけることがしにくくなり，立位動作などに支障が出やすい。マッサージや，足浴をして浮腫を軽減するケアを考える。
　社会福祉法人こうほうえんによれば，転倒などの事故は，6割以上がトイレへの行き帰りや排泄動作時に起こっているという[20]。介護者は，本人の排泄リズムを把握して「トイレに行きますか？」と一声かけて適宜介助を行い，排泄前後の座位，立位，ズボンなどの上げ下げ等についても本人各人の自立レベルに合わせてケアし，転倒予防に努める。

歩行時の環境を整える

　がん末期にある者などは，亡くなるぎりぎりまで自分で立ってトイレに行くケースが多い。日中や夜間の生活状況や動きを観察して，動線を邪魔せずつかまり歩きができる位置に介助バーや家具などを配置する。
　また，利用者の動線に合わせて居室などの床に弾力のあるカーペット等を敷き，ベッドや家具の角には保護材でカバーをつけるなどし，転倒してもできる限り衝撃を吸収できるようにする。
　つまずきやすいコード等は，壁に沿うように配線し固定する。カーペットやマット類を敷く必要がある場合は，たるみに足をひっかけないよう裏面の四隅を両面テープで貼るな

どして床に固定する。夜間トイレに行く場合は，コンセント差し込み式の常夜灯などを設置する。壁と同系色の手すりは，色つきの滑り止めテープなどを巻き付けると，手すりを認識しやすい。ポータブルトイレには肘かけに滑り止めマットを巻きつけると，立ち上がりの際に握りやすくなる。

　また，脚力が弱くなってもしっかり立てるように，本人に合った靴下や靴を選ぶことも重要である。靴下は，下肢にむくみがあるときはふくらはぎをきゅっと締めるような膝下か膝上くらいの長さのものを選ぶとよい。靴下を履くときには，足指が自由に動かせるようきつく履かせず，少しゆとりをもたせるようにする。靴は，移乗や移動の際に体重を支えて滑りを防ぎ，足指等を保護する役目を果たすため，足のサイズに合った靴を正しく履けるように支援する。

◻ ベッドからの転落に対するケア

　エンド期は，常時うとうとする意識混濁の状態や，座位保持や立位保持が難しい筋力状態であることが多く，ベッドなどから転落する可能性が少なくない。ベッド上では，食後などでギャッチアップしたときに，体の傾きを自力で直せず，自分で動いて布団を引っ張り，布団とともに転落することがある。また，ベッドから起き上がろうとして片足を床につけた状態でバランスを崩し，臀部からすべり落ちるようにして転落する場合もある。

　こうした場合は，クッションを身体にあてて体幹をまっすぐに安定させる，低床ベッドを使用する，床に衝撃吸収マットやセンサーマットを敷く，ベッドの側面からいざって下りられるようにマットレスで段差をつけるなどを行う。心理的な不安により動くときには，可能な限り傍に添う等を行い，転落のリスクを減らす方策を講じる。

◻ 皮膚剥離や内出血を防止する

　エンド期にある者は，皮膚が脆弱になり，手足にむくみが出やすくなる。介護者が介助時に少し強い力で触ったり，車いす利用時に家具や車いすの部品にひっかかったり，ぶつかることで表皮が剥離したり，内出血を起こしやすい。そのため，本人の身体を動かすときには指先から曲げて本人に触れるのではなく，痛みを与えないように指を延ばしたまま指の根元だけを曲げるようにして触れ[21]，起こすときは手のひら全体で支えるようにする。

　移乗介助の際には，手足などが車いすのフットサポートやアームサポートにひっかからないよう注意する。車いす移動のときは，本人の体がどの位置にあるかを把握し，他の人の車いすや壁，家具にぶつからないようにする。テーブルに車いすをつけるときも，本人の膝や手，足先の位置に注意する。

◻ 緊急時の対応

　利用者に事故や病気などで医療処置が必要な場合は，施設と利用者本人や家族との同意によって決められた看取り介護計画書や事前指定書等，各施設・事業所で決まっている事故発生時・緊急時対応マニュアルに沿って行動する。看取り介護計画書には，食事や水分

が取れなくなった場合や急性期症状の出現時の対応などが記載される。事前指定書にも最期をどう迎えたいか記録される。

事前指定書等には法的拘束力はないものの，心臓・呼吸停止等の緊急時にどの程度の医療を望んでいるかを確認し，本人や家族の意向に合わせた対応が可能となる。ただ，エンド期の時期によって本人や家族の意向も変わりやすいため，事前指定書等は定期的または適宜見直しが必要である。また，ケアチーム間で情報を共有し，対応にばらつきが出ないようにする。

エンド期のケアを行う上で，予測されていない症状や事故が発生した場合には，状態等に応じて救急車を要請することがある。このような場合も含めて，こうした本人や家族には，救急措置を行うことがあり得ることも，事前に説明しておく必要がある。同時に，家族へは，発熱や嘔吐などの変化があったときや変化がなくても日々の経過をこまめに報告し，対応に注意を払う。

❻ 清潔ケア

☐ 清潔ケアの意義

エンド期の利用者にとって，清潔ケアは気分転換や心地よさを生みだし，また介護者がケアをしながらともにいることを伝える行為である。身体の清潔を保つことは，皮膚の新陳代謝や血液循環を促し，湿疹や褥そう等の早期発見，手足の伸縮運動の促進などの上で重要なことである。

家族がいる場合，清潔ケアの際によい香りのする弱酸性で刺激の少ない石鹸等を持参してもらい，温かいタオルで顔や手を拭く，ブラシで整髪する，口唇をリップクリームで保湿する，入浴時に背中を流してもらう等の清潔ケアを職員と共に行う。これより，「何もしてあげられない」といった家族の無力感の軽減にも役立つ。清潔ケアには，洗顔や整髪など日々の習慣で行うケアと，入浴や全身清拭，部分浴など本人の状況を判断して行うケアがあるが，入浴などは，気力・体力ともに衰弱がみられるエンド期にある者にとって，重労働となりやすい。清潔ケアは，本人の苦痛やエネルギー消費を最小にしながらも，本人が満足する方法を考える。

☐ 洗顔など整容のケア

朝夕の洗顔は，顔面の垢や皮脂を取り，1日のリズムを作るとともに爽快感をもたらす。湯水と石鹸を使って洗面台で洗顔をすることが望ましいが，エンド期は前屈みになる動作が難しくなるため，そのときは，蒸しタオルで顔面を拭くとよい。目に目やにが固くこびりついている場合には，蒸しタオルを当てて柔らかくしてから優しく目頭から目尻に向けて拭いていく。本人に拭いてもらい，仕上げは介護者が行ってもよい。さらに垢のたまり

図4-5 入浴介助の一例

シャワーヘッドを浴槽に入れて湯を出し湯の流れを作って温かいと感じてもらう

やすい耳介の後ろや首筋,手指等を拭くと,爽快感が増す。

男性の髭剃りは,皮膚が弱くなっているため,安全カミソリではなく電気シェーバーを使用して行う。その際は,しわを伸ばしながら優しく剃る。

整髪は,身だしなみを整えて周囲に不快感を与えず,人間関係を保つのに役立つとともに,頭皮のコリをほぐし,血液循環を促す。身体が動く人であれば洗面台の鏡の前まで誘導し,自分で梳かしてもらう。介護者がするときは,本人に力加減を確認しながら髪を梳かして希望に沿った髪形に整え,鏡を使って最終確認をしてもらう。

入浴,シャワー浴

先に述べたように入浴は,他の清潔ケアに比べて疲労感が増大しやすい。静水圧作用で横隔膜が押し上げられて息苦しくなる,温熱作用で血圧が変動するなど,エンド期の身体に負担がかかりやすい。そのため,入浴前にはバイタルサインや体調を必ず確認する。浴室や脱衣室は暖めて,温度変化による血圧変動が少ない状態にする。

浴槽の湯の温度は,37～39℃位が身体への負担が少ない。しかし,これまでの生活習慣から熱めの湯を希望する人も少なくない。そのようなときは入湯時は低めに湯温を設定し,徐々に湯温を上げる,シャワーヘッドを浴槽に入れて湯を出し,湯の流れで温かいと感じてもらえるよう工夫するなどして対応する(図4-5)。

家庭用の浴槽での入浴では,座位保持や前屈動作が難しい利用者の場合には,風呂用すのこやリクライニング状態になるシャワーチェアを使い,本人が楽な体位で身体や頭を洗う。臀部を洗うときは身体を横に向ける等をして洗う。浴槽内では,沈まないように背中を支える,介護者の足を浴槽にいれて利用者のすねを支えるなど注意をはらう。

湯につかることで体力の消耗が激しくなる場合には，シャワー浴を行う。シャワー浴のときは，洗髪の際に身体にタオルをかけて湯をかけたり，深めの洗面器で足浴も一緒に行うと，身体が温まり，満足感も高まりやすくなる。なお，本人が湯船に入る前やシャワーの湯をかける際には，介護者は必ず自身の手（手指ではなく，手首や腕など）で湯温を確認する作業を怠ってはならない。

入浴をするかしないかは，バイタルサインの状態や，利用者本人の希望を踏まえて判断する。介護施設の現場で，入浴するか否かの最終決定者は看護師であることが多いが，川上嘉明は「看取り期に入ったら，体温や血圧，酸素飽和度といったバイタルサインを測定しない」ことを提唱している[24]。エンド期の後半になると，心臓が全身に血液を送りだす力が弱くなり，血圧が低下して脈拍もとりにくく，頻回な測定による体力の消耗を最小限にするためである。エンド期は，体調の良いときと悪いときに波があるが，食事の摂取量や排泄・睡眠の状況，目に力があるなどの表情の様子，介護者からの問いかけにしっかり返答するかなど，総合的にみて判断する。本日は食事も食べられて体調が良かった，笑顔だったなど，利用者との関わりの中で得た情報も重要となる。

□ 部分浴

入浴やシャワー浴が負担となる身体状態になったときでも，足浴や手浴などの部分浴は可能な場合がある。エンド期は末梢神経の血液循環が悪くなるため，湯を使って温めることで末梢神経の血流が良くなり，副交感神経が優位となってリラックスしやすくなる。可能であれば温まったところでマッサージを行うと，さらに爽快感が得られ，コミュニケーションをとる良い機会にもなる。

手足浴は，寝たままや座る状態に合わせてビーズクッションなどを使い，安楽な姿勢で受けられるようにする。湯で温めている間，湯から出ている部分に温かい濡れタオルを置く，湯の入った手足の浸かっている洗面器ごとビニール袋に入れて中を蒸らすなどの工夫をすると，さらに温まりやすい。手足浴をする時間が作れないときは，蒸しタオルで片方ずつ包み，ビニール袋でさらに包んで温める方法もある。洗面器ではなく，紙オムツを敷いて行う方法もある。そのときは，温めたい身体の箇所に湯をかけて，下に敷いた紙オムツを巻きつけると，身体も温まりやすい。

□ 清　拭

入浴ができない利用者に対して，ベッドなどの上で身体を拭くことを清拭という。一人で一度に全身を清拭すると時間がかかり，エンド期にある者にとって体力の消耗や疲労感が大きい。複数人でケアする，何回かに分けて行うなどの工夫をし，全身をきれいにして，気分転換や清潔の保持を図るようにする。

温かいタオルで拭いた後は，水分の蒸発によって身体の熱が奪われて寒さを感じるため，乾いたタオルで水分を拭き取り，さらに保温のために乾いたタオルで身体を包むか，早めに着衣する。

図4-6 ケリーパッドを使用した洗髪

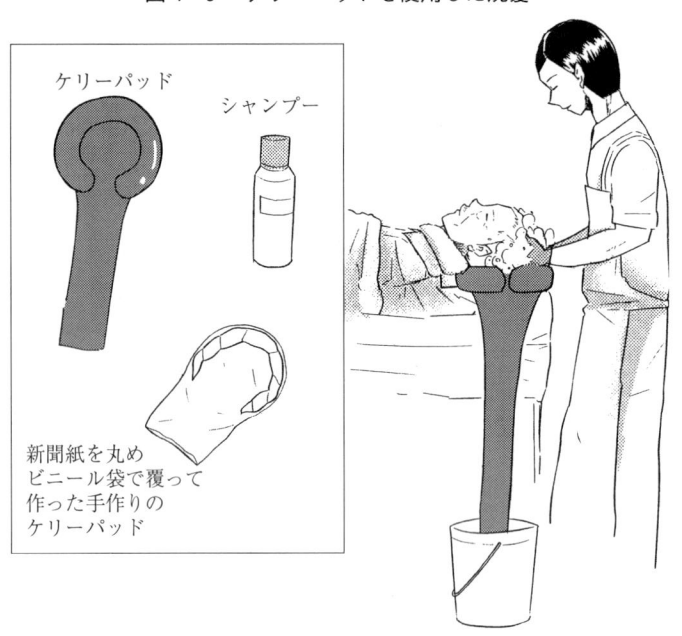

　清拭には，湯と石鹸を用いた石鹸清拭と蒸しタオルを用いた清拭がある。石鹸清拭は，湯につけて絞ったタオルで十分に拭きとらないと石鹸成分が残り，皮脂を取り過ぎてしまうため注意が必要であるが，石鹸の香りで入浴したような気分が味わえる。蒸しタオルを用いた清拭は，皮脂を余分に取り除くことがないため，皮膚の保湿力や皮脂の分泌が少ない人にはよい。エンド期にある者は，脱水によって皮膚が乾燥しやすく，浮腫によって皮膚が脆弱になっているが，入浴などのケアが十分にできず，皮脂がたまりやすい。ケアする部位によって石鹸清拭か蒸しタオルでの清拭かを選択することが大切である。清拭前に身体の広い面を蒸しタオルで温めてから清拭を始めるなど，身体への影響や効果に配慮し，利用者に必要で適切な方法を考えてケアを行う。

□ 洗　髪

　洗髪をすると，頭皮や髪の毛の汚れがとり除かれ，頭皮をマッサージしながら行うことで血行が良くなり，爽快感が得られる。頭皮は皮脂の分泌量が多くて汚れやすく，髪の毛はほこりや臭いを吸着しやすいため，本人の体調にあわせてこまめに行う。湯を用いた洗髪は，洗髪時の体位やバイタルサインの変動によって疲労感が増悪しやすく，寒さも感じやすいため，エンド期で全身状態が悪化している場合は，洗い流す必要のないドライシャンプーを使うなど，本人の状態に応じた方法を選択する。

　ベッド上で寝たまま洗髪するときは，ケリーパッドを使用する（図4-6）。ケリーパッドは，市販商品のほか，新聞紙を棒状に丸めて芯を作り，バスタオルで巻いて両端を輪ゴムで留めた後，大きなポリ袋に入れてU字型に形を整え，Y型の洗濯バサミでバスタオルの両端を固定して作ることもできる。ケリーパッドがあたる首から肩にかけて，ベッドと

身体の間に隙間を作らないようタオル等を畳んで敷き，身体に緊張感を与えないようにする。また，両膝を立てて膝下にクッション等を置き，肩甲骨を外転させて下からタオル等で腕を支えるなど，上肢や下肢の緊張を和らげて身体に負担のない姿勢にする。

ドライシャンプーを使用する場合は，ブラッシングをした後に蒸しタオルで頭を覆い，蒸してから行うと頭皮や髪の毛の汚れが取れやすく，温かさを感じやすい。ドライシャンプーをして蒸しタオルでよく拭きとった後は，洗い流す必要のないトリートメントなどをつけて，髪を健やかに保つようにする。

☐ スキンケア

エンド期の利用者の皮膚は，浮腫や低栄養等によって皮膚の生理的な制御機能が低く，汗や尿・便により皮膚が湿潤していたり，逆に脱水により乾燥していたりする。そのため，皮膚は外からの刺激で容易に傷つきやすく，もろくて弱い状態にある。

湯を用いて清潔ケアを行う際は，熱い湯や石鹸の使いすぎ，強くこする行為は，必要以上に皮脂をとり，乾燥がさらに進むので避けなければならない。また，皮膚の汚れを落とさずに保湿剤を使うと，皮膚の汚れを助長しやすいため，弱酸性の石鹸などをよく泡立てて，汚れを包み込むようにていねいに洗う。その後は，石鹸成分が残らないように湯で十分に洗い流す。皮膚を清潔にした後は，皮膚がしっとりしている状態のうちに保湿剤を塗り，水分を逃がさないようにする。保湿剤を使用するときは，「塗りすぎも皮膚の汚れにつながるので，ティッシュペーパーが皮膚につく程度の量」[25]にする。これはティッシュが皮膚に貼り付けば適量であり落ちてしまうようなら使用量が足りないことを示す。こまめなスキンケアが皮膚のよりよい状態を保つカギとなる。

7 口腔ケア

☐ エンド期の口腔の特徴

エンド期では，指示に従うことができない（認知能力が低下），意識レベルの低下，経口摂取ができない人が多くみられる。このような状態では開口困難なことが多く，十分な口腔ケアを行うことが難しい。十分な口腔ケアが行われないと口腔の廃用，汚染，乾燥などのトラブルにつながる。

口腔乾燥の原因には，唾液の分泌低下，脱水，口呼吸，服薬等がある。口腔乾燥が続くと，時間が経つにつれて口腔内の残渣物が固くなり除去が難しくなる。

とくに，がん末期の利用者は，免疫低下によるカンジダ症が口腔内に発生しやすくなる。カンジダ症を放置すると，口腔内だけでなく，咽頭や食道，気管まで拡がることがある。カンジダ症に関するケアは後述する。

また意識レベルが低下すると，口呼吸となり，口腔内乾燥だけでなく，乾燥による口唇

の亀裂，出血，強い口臭が起こる。また，自分で痰を喀出しにくくなり，窒息を招くことがある。さらに，不顕性誤嚥（唾液などを誤嚥しているのに，ムセも咳も出ない症状）が起こっている可能性もある。このように，エンド期にある患者の口腔内の環境は著しく悪くなり，肺炎のリスクも高くなる。

エンド期と義歯

エンド期では，自分で義歯の手入れをすることが困難となる。義歯は必ず外してから専用のブラシもしくは大きめの歯ブラシを使用して歯の部分だけでなく，床本体やクラスプ（金具）をていねいに磨く。ブラシを使用せずに水や洗浄剤だけで義歯に付着したプラークや汚れを落とす事はできない。とくに粘膜に接している面には，プラークや食物残渣等が付着しているので必ず義歯を外してから洗浄を行う。

ただし，歯磨き剤を使うと，義歯の表面に傷がつき，そこから細菌が繁殖しやすいので使用しないほうがよい。夜間は基本的には義歯を装着せず，水の中に浸けておく。消毒のため洗浄剤は定期的に使用する。洗浄剤を使用した後は必ず水で洗浄してから口腔内に入れる。

経口摂取が行われていない状態が長期にわたると，口腔内に義歯を入れないことも多く，その間に残っている歯が移動し，義歯を入れようとすると粘膜などに当たりができ，痛みを生じることがある。義歯が装着可能であれば，合わなくなる前に早くから装着することが必要である。

いざ食事が可能になったときに，義歯が合わないと咀嚼が難しくなり，食事を楽しむどころではなくなってしまう。なにより義歯を新しく作成するのには，本人に負担を与え，時間と労力がかかるのでエンド期の者には，できるだけ避けなくてはならない。

ブラッシングと洗口

エンド期は，自分で洗面台に行って歯磨きをすることが困難な状態になる。できるだけ自分の力で洗面台に行くことを大切にするが，できない場合は，援助が必要になる。洗口の際には，「ガラガラうがい」は頸部を後屈した状態になり誤嚥しやすいので注意をする。うがいは，「ぶくぶくうがい」がよい。

洗口ができない場合，水気を切った歯ブラシやスポンジブラシでの清掃後，飛散した細菌の汚染物を誤嚥しないように，スポンジブラシや口腔ケアシート等で回収が必要である（歯磨き剤を使用すると汚染物の回収が困難になる）。歯肉炎がある場合は，炎症があるからといって，ブラッシングを行わないとさらに炎症が進行する。炎症がある間は，痛みを与えないように柔らかい歯ブラシを使用して，とくに歯と歯肉の境目の汚れを落とすようにブラッシングを行う。歯肉の炎症が治まれば，通常の固さの歯ブラシを使用する。柔らかすぎる歯ブラシで歯を磨くと，清掃効率が落ちる。歯ブラシも，口腔内の状況に応じて使い分けることが重要になる。

エンド期では，経口摂取が困難な状態が続く人もいる。食事をしていないから口腔内が

図4-7 K-POINT

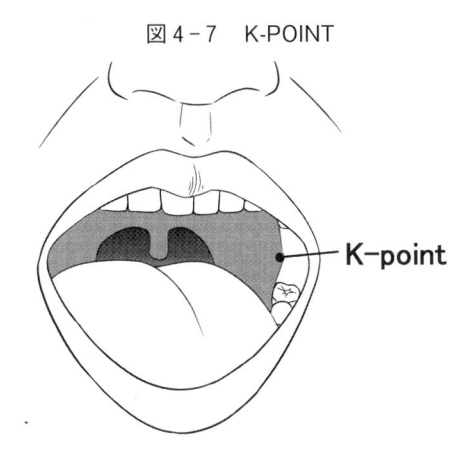

汚れないというのは間違いで，逆に口腔内の自浄性は低下していく。口から食べていない状態でも毎日口腔ケアは必要であることを忘れてはならない。

◻ カンジダ症に対するケア

がん末期や高齢で栄養状態が悪い場合，口腔内に白い物が付着している場合がある。食物の場合もあるが，カンジダ症かどうかも注意して観察する。

エンド期の利用者は，細菌やウイルスが口内炎の原因となり，カンジダ性口内炎がみられることがある。カンジダ菌は真菌であり，健常者の口腔や食道にも存在するが，免疫低下，口腔内乾燥，衛生状態不良等の条件下で，容易に増殖する。

ちくちく，ピリピリの自覚症状を伴うが，エンド期の者はうまく訴えられないことがあるので，日頃から注意深く口腔内を観察する。また，義歯を外すと，義歯にもカンジダ菌が付着していることがある。このような症状を発見したら，医師，歯科医師に診察を依頼する。診察の上で，抗真菌剤が処方されることが多い。いずれにしても適切な口腔ケアを行うことが重要である。

◻ 多職種による口腔ケア

近年，施設における口腔ケアでの歯科医師や歯科衛生士の活躍が報告されている。介護職員だけで考えるのではなく，これらの専門職とディスカッションを行い，口腔ケアの問題点を解決する。エンド期になると，開口困難のためにうまく清掃できないケースが多いが，開口困難な場合は，K-POINT（臼後三角最後部内側の点）（図4-7）を圧迫すると開口しやすくなる。口腔内のアセスメントをして口腔内の状況を把握することが必要である。

口腔内のアセスメントポイントには，歯並び，隙間に食物残渣がはさまっていないか，虫歯はないか，残歯動揺，歯肉の炎症・出血の有無，粘膜（口蓋や舌，頬粘膜）に細菌や食物が付着していないか，舌苔の有無，舌の動きはスムーズか，口腔内乾燥はないか，義歯はあっているか，歯ブラシはあっているか，ブラッシングの方法は適切か等，多様な点がある。エンド期においては，歯科医師や歯科衛生士による口腔ケアのアドバイスや実践頻度を多くし，介護職員はそのアドバイスを聞いて，日常の介護と兼ね合いを見ながら毎

日実践する。歯科医師と歯科衛生士は介護職員の相談にのり，実践を示してわかりやすく説明する。

酸素マスク等の医療処置が行われている場合は，看護師にも相談し，口腔内乾燥を防ぐ保湿対策を練る。酸素マスク自体も細菌にさらされやすいので，消毒液に定期的に浸して洗浄を行う。小康期ではできる範囲内で本人に歯磨きをしてもらうことが望ましい。洗面台に自分で行くことができるように，理学療法士や作業療法士に相談し，座位で頭を下げやすくするために洗面台の高さを調整したり，椅子の高さを調整，水道のコックの柄を長くしたり，動作訓練や，姿勢保持のためのクッションの固定法についてアドバイスをもらう。

このように多職種のチームケアにより効果をあげ，本人のエンド期の生活の質を高めることができる。

8 睡眠・休息・運動のケア

☐ エンド期における休養

エンド期にある者は，身体の内側からの力に抗えず眠る時間が増えてくる一方で，痛みや不安等のため，眠れなくなる者もいる。

介護者は，不眠の原因を取り除き，心地よい睡眠や休息，安心して過ごすことのできる環境を提供する。エンド期における休養では，暖かい日差しと新鮮な空気，清潔さ，適度な静けさのなかで傍らに誰かがいることを感じながら過ごせるようにする。そして，本人の表情や顔色，音や匂い，感触，体温など身体から発せられる信号をとらえて本人の今の状態を知り，タイムリーなケアを提供することが必要である。

☐ エンド期における睡眠

睡眠は，身体を休めて疲れを取る，消耗した体組織の修復・再生を促進する成長ホルモンの分泌を促す，免疫力を高める，得た情報を整理して定着を図るなど，身体を維持，再生するという役割がある。人の覚醒と睡眠のリズムは，おおむね1日（24時間）を単位としているが，エンド期の後半には利用者は睡眠が増え，1日のほとんどを眠るようになることが多い。西山悦子は，「病気のときに睡眠時間が長くなるのは，身体全体のエネルギー消費量を抑えて，力のすべてを感染と闘うことに振り向けるためだと考えられて」[27]いると述べている。また，村瀬孝生は「代謝のレベルに応じて時間周期が変容するよう」だといい，「お迎えの近い老人たちの睡眠が長くなるのは『一日を四八時間で生きている』からかもしれない」[28]と記している。

このように最期に近づくと，強い刺激を与えない限り眠り続ける嗜眠傾向が高まり，この時間に起きる，寝るといった生活リズムを刻むことが難しくなり，昼夜の感覚が弱く

なってくる。介護職は、眠っているときには良い眠りが保てるように、室内環境を整えることが必要になる。その人その人の睡眠サイクルを乱さないような配慮が大切である。眠っているときには、無理に起こさないようにする。逆に、目が覚めているときには、体調や食欲を探り、他者との交流を図り、食事や水分を摂ってもらう等をして離床を促し、生活や対人の空間を広げるようにする。

◻ 眠れないときのケア

　エンド期は、がん性疼痛や全身倦怠感等により、眠気はあるものの深い眠りにつけずに夜間も浅い眠りが続き、十分な睡眠がとれない人も少なくない。この場合は、医師の指示により、鎮痛剤等の薬剤を投与する。不眠は、身体的なことだけでなく精神的なことによっても引き起こされる。エンド期は、さまざまな喪失体験や今後に対する不安、死への恐怖心、夜間帯では暗闇や静けさによって孤独感が増すなどの抑うつ状態になりやすく、これらが不眠の原因となる。入眠前には、本人の手や足を優しく静かにさすり、蒸しタオルで手足を包んで温めると気持ちが安らぎ、入眠しやすくなる。

　また、話を聞いてもらうことで気持ちが楽になることも多いため、話せる範囲で話をしてもらうことも大切である。時間があるときには、傍に座るなどして話を聴き、表現された言葉の中にある感情を読み取るようにする。話を聴いて感じた介護職自身の感情を本人へ素直に表現したり、黙って傍にいることも大切な支援である。介護職が自分の感情の揺れ動きに逃げ出さないことが本人を支えることにつながる。しかし、相手の苦悩に圧倒され、介護職から声掛けすることに困難さを感じたときは、同僚や上司に相談し、サポートを受けることが重要である。

◻ 静かで心地よい環境を整える

　室内の環境も、睡眠や休息に強い影響を及ぼす。乾燥や寒さ、暑さは、睡眠の継続を妨げるため、寝室は、夏は25℃以下、冬は15℃以上、寝具内の温度や湿度は、寝具に接する背中面で33℃前後、45〜55％の湿度になるように設定する。眠るときに暗くするか照明をつけるかは、利用者の習慣に合わせて変更する。照明をつける習慣がある利用者にとっては、暗くすると逆効果になるため、間接照明などで好みの明るさにする。ゆっくりとしたリズムの音楽を流し、利用者の好きな香りを使ってリラックスを促すことも入眠につながる。かすかに感じる、聞き慣れている施設の中のおしゃべりや生活音、生活の営みを感じる台所からの匂いなども、安らぎを生む音や匂いになるだろう。寝具や寝巻などは、ゆったりとしていて軽く、肌触りのよいものにする。体力が低下しているときには、1枚の毛布でも重く感じることがある。

◻ 運動やリハビリテーションのケア

　寝ている時間が増えて身体を動かさなくなると、体幹や四肢の拘縮が強くなってくる。浜村明徳らによれば、関節を2〜3日動かさないと拘縮が起こり始め、3〜4週間くらい

動かさないと拘縮がほぼ完成するという[30]。大田仁史は，動かす機会が多い上体は比較的状態が保たれるが，脚部は拘縮が進みやすく，拘縮がひどいまま死を迎えるとお棺に納まらず，関節を折って納棺することがあると記している[31]。

　また大田は，基本的ケアのベースは，受動的関節可動域と体位の変換を基本とした看護や介護であると述べている[32]。吉際俊明は，終末期の拘縮予防運動として，おむつ交換後の下肢の屈伸，食事前の手拭き時の手指伸展，車いすへの移乗後の膝伸展等を紹介している[33]。また，櫻井紀子は，終末期リハビリテーションとして前述の大田が提唱する背面解放端座位訓練の方法を，以下のように述べている。訓練の30分前からベッドの背もたれを上げて徐々に身体を慣らした後に，ベッドの高さを調節してベッドに端座位にする。再度ベッドの高さを調節し，床に足底をしっかりつける。隣に座って身体を支え，話しかけながら背中をタッピングするなどマッサージを行う。常に顔色や呼吸の状態をみながら3～10分間実施する。この座位訓練を週2回行う。これをすることによって，利用者が自らの力で姿勢を保持しようとする感覚を取り戻し，意識が覚醒されるという[34]。

　エンド期だから特別なケアをするのではなく，エンド期だからこそ今までと同じように暮らしてもらうためのケアを，利用者の習慣を大切にし，本人の希望を踏まえながら行うことが運動やリハビリテーションになる。三好春樹は，「生活行為にまさる訓練なし」と述べている[35]。本人の負担に配慮しながら，食べる，排泄する，寝るなどの日々のケアを丁寧に，繊細さを一段階あげて行っていく。たとえば，座るときにはしっかり足底を床につける，立ち上がるときには浅く座りなおして足をひいて立ち上がるなど，具体的で基本的な介護の知識や技術を，エンド期の身体に定着させていくことが重要となる。

◯ 注・引用文献

(1) 長江弘子（2013）：患者・家族の生活文化に即したエンド・オブ・ライフケア，Nursing Today, 28（3），12-13.
(2) 千田操，角田真由美，柿川房子（2013）：一般病棟における終末期がん患者の生きがい，日本看護研究学会誌，36（1），116.
(3) オレム，D.E./小野寺杜紀訳（2005）：オレム看護論（第2版），108，医学書院.
(4) 同前書，110，115.
(5) 瀬山留加，石田和子，中島陽子他（2008）：大学病院における終末期がん患者が抱える日常生活動作の障害と看護支援の検討，群馬保健学紀要，29，31-38.
(6) 谷本真理子（2012）：エンドオブライフを生きる下降期慢性疾患患者のセルフケアのありよう，千葉看会誌，18（2），11.
(7) 岡崎好秀（2007）：すべては「口」から始まった！，月刊ブリコラージュ，19（7），12.
(8) 迫田綾子（2013）：図解 ナース必携 誤嚥を防ぐポジショニングと食事ケア──食事のはじめからおわりまで，40-42，三輪書店.
(9) 吉岡友希（2011）：悩み・疑問解決Q&A，おはよう21，22（13），17.
(10) 小山珠美（2011）：食事援助のコツとワザ，リハビリナース，4（5），10-17.
(11) 同前書，16.
(12) 厚生労働省（2009）：日本人の食事摂取基準（2010年版），61，第一出版.

⒀　石飛幸三（2011）：「平穏死」のすすめ，25，講談社．
⒁　同前書，132．
⒂　医療情報科学研究所（2013）：社会福祉士国家試験のためのレビューブック2014（第2版），88，メディックメディア．
⒃　同前書，88．
⒄　YOMIURI ONLINE（読売新聞），在宅介護 ニオイもケア（http://www.yomiuri.co.jp/komachi/news/20130614-OYT 8 T00801.htm）（2014.1.31）．
⒅　小庄麻由美，田中とも江（2012）："個別ケア"のもとは排泄ケア──快適で尊厳あるケアの実践例，コミュニティケア，14（8），31．
⒆　菱沼典子，平松則子，春日美香子他（1997）：熱布による腰背部温罨法が腸音に及ぼす影響，日本看護科学会誌，17（1），37．
⒇　社会福祉法人こうほうえんリスクマネジメント委員会（2013）：リスクへの感受性を高め，事故予防への組織風土を醸成する，コミュニティケア，15（9），33．
㉑　田中義行（2013）：拘縮予防・改善のための介護，84，中央法規出版．
㉒　西山悦子（2005）：介護を支える知識と技術，91-93，中央法規出版．
㉓　佐藤志保子（2012）：高齢者のスキンケアのポイント，コミュニティケア，14（6），25．
㉔　川上嘉明（2014）：はじめてでも怖くない 自然死の看取りケア──穏やかで自然な最期を施設の介護力で支えよう，44，メディカ出版．
㉕　石濱慶子（2009）：褥瘡を防ぐ，進行させないための，他職種との連携，おはよう21，20（6），28．
㉖　岸本裕充，戸原玄（2013）：誤嚥性肺炎を防ぐ 摂食ケアと口腔ケア，序文，照林社．
㉗　西山悦子（2009）：新・介護を支える知識と技術，146，中央法規出版．
㉘　村瀬孝生（2011）：看取りケアの作法，14，雲母書房．
㉙　川村佐和子，後藤真澄，中川英子他（2011）：生活支援技術Ⅳ，99，建帛社．
㉚　浜村明徳，小泉幸毅，越戸慶他（2009）：すぐに使える拘縮のある人のケア，7，中央法規出版．
㉛　大田仁史（2010）：身体を豊かに──大田仁史医師からの提案，おはよう21，21（10），20．
㉜　大田仁史（2004）：終末期リハビリテーション──リハビリテーション医療と福祉との接点を求めて，78，荘道社．
㉝　吉際俊明（2011）：終末期リハビリテーション，難病と在宅ケア，17（8），34．
㉞　櫻井紀子（2012）：高齢者施設の看取りケアガイドブック──「さくばらホーム」の看取りケアの実践から，67，中央法規出版．
㉟　三好春樹，高口光子（2007）：リハビリテーションという幻想，38，雲母書房．

○ 読者のための参考図書

石飛幸三（2011）：「平穏死」のすすめ，講談社．
　　──本書は，医師である執筆者が勤務する特養のエンド・ケアの現状や変化について，事例を挙げて説明している。人生は何をしたかではなく，どう生きたかが重要という執筆者の言葉に，エンド・ケアを支える上での勇気が得られる。

村瀬孝生（2011）：看取りケアの作法，雲母書房．
　　──執筆者が勤める宅老所での実践が書かれている。ある女性が亡くなる迄の1年間，排便は12～16日間の排泄リズムを維持した話などが書かれ，排泄や食事などエンド期を支えるケアについて，考えを深めることができる。

青山幸広（2011）：青山流がんばらない介護術，講談社．
　　──利用者の手足に力がない場合やひざが曲がっている場合など，さまざまな移乗介助のテクニッ

　　　　クを，工程順に写真入りで説明した本である．文末には，執筆者の父親のエンド・ケアを，家族の視点で描いた話が載っている．

西山悦子（2009）：新・介護を支える知識と技術，中央法規出版．
　　——エンド期を支えるケアは，基本的な介護技術をきちんと丁寧にすることから始まる．本書は，清潔や排泄，食事などのケアに必要な知識や技術を，医学や人間の生理に基づく根拠を示しながら，わかりやすく解説している．

三好春樹，高口光子（2007）：リハビリテーションという幻想，雲母書房．
　　——理学療法士の2人によるリハビリテーションや介護を巡る考察と対談が載っている．やってみたいと思ったことがあったら，今すぐ現場の1人のお年寄りにしてみなさい，自分の現場をよくみなさい等の本文中の言葉に背筋が伸びる思いがする．

第5章
各症状に対する安楽を図るケア

本章で学ぶこと
- [ ] エンド期によく見られる症状について知る。
- [ ] これらの症状に対する介護職としてのケアの方法を知る。
- [ ] 症状に対するケアに多職種で取り組む大切さを知る。

1 施設における医療処置の範囲と本人・家族への説明

☐ それぞれの施設における医療体制

　多くの高齢者施設では，医療の必要性はあるが，積極的に治療はせず生活の支援を中心としたケアが行われている。しかしながら，高齢あるいは虚弱ということから誰もがいずれエンド期を迎えることは避けられない。

　しかし，どの時点でエンド期と考えるかは非常に難しい。多くは図5-1のようにあい

図5-1　エンド期

従来の施設でのエンド・ケアモデル

一般的なケア　｜　エンド・ケア

看取り

理想的なエンド・ケアモデル

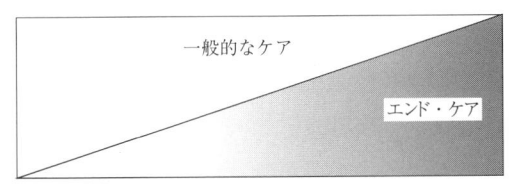

一般的なケア　／　エンド・ケア

看取り

出所：WHO：Cancer Pain Control より筆者改変．

まいな時期が存在する。その時期に施設においても苦痛の軽減のために多少なりとも医療の介入を行うことがある。本節ではその部分について説明する。

施設でできる医療行為や処置は違う。また施設の種別によっても対応できる医療体制も違う。医師が常勤している所もあれば非常勤，もしくは配置なしの所もある。看護師も多い少ないがある。また，病院から地理的に距離が離れている施設，あるいは併設している施設とさまざまである。本書第1章の表1-1に示したが，一般病床と医療療養病床は医療保険が適応されるがほとんどの施設は適応されず，介護保険の財源や利用者・家族の負担で運営されている。また，医師や看護師の配置基準も異なり，施設ではその数が少ない。したがって，施設では十分な医療処置はできない状況となる。まずは，自分たちの施設がどのような医療処置に対応できるのか，できないのかを明確にする。その上で自分たちの施設での医療体制について，入所・入居の時点から本人と家族に説明し，エンドオブライフ・ケア（以下，エンド・ケア）に備える。

説明と意思の確認

いわゆるインフォームド・コンセントであるが，施設エンド・ケアでは本人ではなく家族との意思確認になることも多い。入所・入居の際など早いうちに，「もし，エンド期になった時には，どこで残りの人生を迎えるか」について十分に本人と意思を疎通しておくことが大切である。本人の意思が引き出せると，その思いに従って医療とケアを提供することが可能になる。

説明では，できるだけ専門用語を避け，一般の人にもわかるようにする。十分な説明がなされないままでいると臨終時に家族は動揺，困惑し，状況を受けとめることができなくなる。いずれ訪れる死に向けて，入所・入居の時点から繰り返し本人と家族に意思を確認することが重要となる。そのためには起こりうる生命の衰退症状を詳しく説明し，死が訪れる可能性や時期を伝える。

提供されうる医療処置

現在は施設といっても，メディカルマンションなどと称されるサービス付き高齢者向け住宅の一部などでは医療行為を行うことを前提としている施設もあるが，そういった特殊な施設を除き，提供される医療処置は施設では限られてくる。

喀痰吸引や酸素投与などについては最近では訪問看護を施設に導入したり，研修修了者の介護福祉士が喀痰吸引を行う所も増えた。また，施設によっては少量の点滴などを投与している所もある。また，近年疼痛に対する投薬が在宅においても比較的容易になったことで，がんの疼痛ケアを施設で行うこともある。大切なことはどの医療処置も主治医の指示と連携が必要で，本人・家族を中心としたチームの信頼関係の構築を行うことである。

見落としてはならないことは，医療処置を行うにあたって，この施設でできることや限界について本人・家族の理解を確認することである。症状が変化し，悪化する中で本人や家族も意思が動揺する可能性があるからである。入所・入居時から，日頃の体調の変化は

できるだけ発生した時点で家族に連絡をし，病状の変化を知ってもらうことが大切である。

❷ 施設における酸素や点滴の指示と投与

　施設によっては，酸素投与や点滴投与をすることができる。エンド期はある日突然やってくるわけではないので，経過の中でも食べられる日，食べられない日，呼吸状態の良い日，悪い日が交互にやってくる時期がある。エンド・ケアでは苦痛を取り除くことが主眼であり，積極的に医療行為を行わないことが多いが，「昨日は食べていた」人が「今日は食べられない」けれども「明日は食べられるかもしれない」。だから，今日だけは点滴で水分を投与したいというのは実に当たり前の医療者の感覚だと思われる。実際の現場では，ここに書かれている以上にケースバイケースである。それぞれの基礎疾患も年齢も家族の思いも本人の生き様も違う。正解はないと肝に銘じて対応する必要がある。

☐ 呼吸の状態と酸素飽和度
　血液中の酸素濃度が低下すると低酸素血症となる。酸素濃度のはかり方は動脈血ガス分析など採血にて行うもののほかに，パルスオキシメーターなどを用いて指先などから経皮的，非観血的に測定する酸素飽和度測定法がある。図5-2にパルスオキシメーターの例を示す。

　施設においては，酸素飽和度の測定が利用者のバイタルサインの測定に役立つ。ただし，この数値の正常範囲は95％から100％とされるが，年齢や基礎疾患によって個人差があり，数値だけで判断することは危険である。呼吸の状態が落ち着いており，本人が苦しくない状態が仮に90％であるならば，その本人にとっての正常値は90％とみることが大切である。とくに高齢者の慢性肺疾患では低酸素状態に体が慣れてしまい酸素飽和度が80％でも本人から苦痛の訴えがないこともある。数値だけを見て慌てて，医療処置を考えるばかりでなく，やはり日ごろのアセスメントと情報の共有が肝要である。ケアは職種にかかわらず，日ごろの状態，バイタルサインのおよその数値を利用者ごとに理解しておくことが異常の早期発見や医師への状態報告に役立つ。

☐ 呼吸不全に対する施設での酸素投与
　在宅酸素機器（図5-2）の普及に伴い，施設での酸素投与も行いやすくなってきた。
　医師の指示のもとに低酸素の利用者に対して酸素を投与することができる。対象の疾患はさまざまであるが高齢者には心不全などの心疾患，肺気腫や肺がんなどの肺疾患に対して投与されることが多い。エンド・ケアにおいて酸素を投与するか否かはインフォームド・コンセントを十分に行い本人・家族を含め，多職種も加わったチームで決定する。
　施設における酸素投与は，医師の指示のもと在宅酸素機器を使って投与する。疾患に

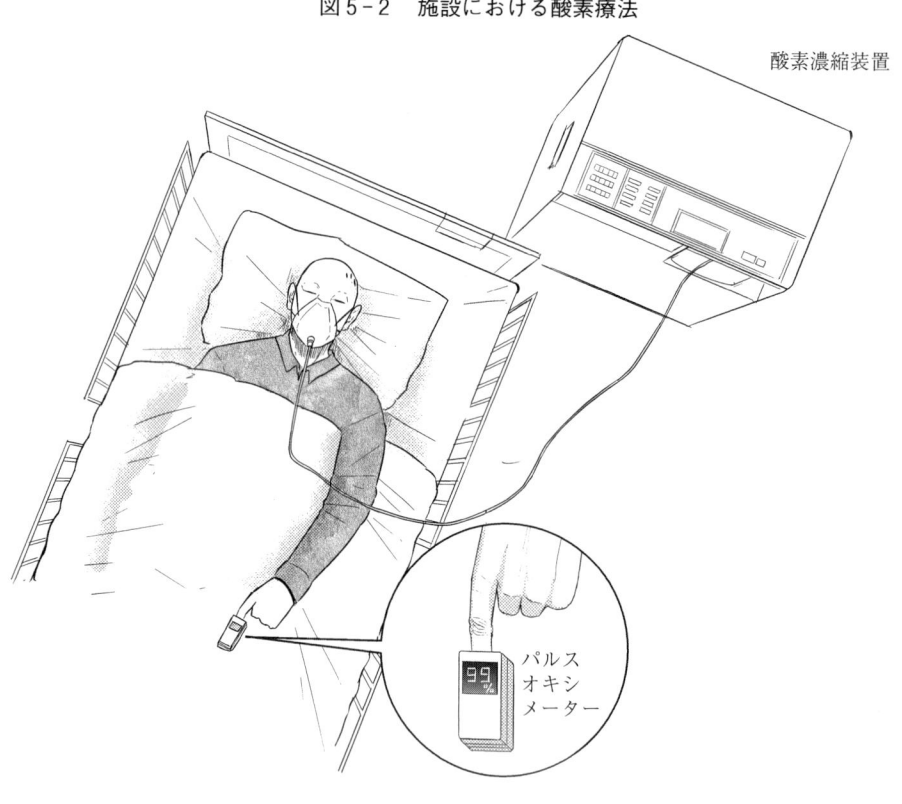

第Ⅱ部　エンドオブライフ・ケアの実際

図5-2　施設における酸素療法

酸素濃縮装置

パルスオキシメーター

よっては酸素投与が必ずしも効果的に働かないことがあるということを知っておく。心不全などで胸水がたまっている場合には酸素を吸い込む肺の面積が減り、投与しても酸素飽和度は上がらない。また、慢性閉塞性肺疾患ではもともと体に二酸化炭素がたまっていることがあり、さらに多量の酸素を投与することで体の中で呼吸のバランスが崩れて二酸化炭素のほうが酸素よりも多くなることがある。この状態をCO_2ナルコーシスという。CO_2ナルコーシスでは、進行すると意識がなくなり、やがて中枢神経系と呼吸中枢の抑制により呼吸が止まる。このCO_2ナルコーシスはさまざまな疾患で起こる。そのため治療目的でなく高齢者のエンド・ケアで心肺機能が低下している場合には、酸素飽和度をモニタリングしながら少量の酸素投与を行うとよい場合が多い。

☐ エンド・ケアの酸素投与

在宅や施設でのエンド・ケアでは酸素投与は利用者の苦痛を和らげる効果とともに家族や介護職の精神的なサポートになるとも言われている。いずれ訪れる看取りの前に何もしなかったという思いで、家族や介護職の後悔の念に悩む姿が想像できるようであれば、臨死期を前に少量の酸素投与をすることはケアとしても家族や介護職のためにも必要であろう。

一例として筆者の施設では、毎分0.5から1ℓ、経鼻カテーテルで対応することが多い。口呼吸であればマスクでの投与も行うし、もちろん利用者によってはさらに多くの酸素を投与することもある。しかし酸素投与は多ければ多いほど良いわけではないことは知って

表5-1　AHNの種類

種類		水分	必要カロリー	特徴
皮下栄養		○	×	普及率は低い
経静脈栄養	末梢静脈栄養（PPN）（末梢点滴）	○	×	手足の静脈が痛んでくると挿入しにくい。浮腫があると血管を確保しにくい
	中心静脈栄養（TPN）	○	○	高齢者は血管の蛇行や硬化で挿入が難しいこともある
経管栄養	経鼻経管栄養	○	○	誤挿入することがあるのでレントゲン撮影などでの確認が必要
	胃ろう	○	○	胃切除術などをしていると造設できないこともある
	食道ろう・腸ろう	○	○	胃ろうが造設できないときに選択されるが普及率は低い

おいてほしい。

エンド・ケアの人工的水分・栄養補給法

かつては脳血管障害や認知症などの慢性疾患の終末期で経口摂取が困難となり，意識もはっきりしない寝たきりの高齢者に対しては，点滴や，経管栄養などの人工的水分・栄養補給法（以下，AHN：artificial hydration and nutrition）を行うことが一般的であった。

その後20～30年間の間，AHNは発展し，脱水や栄養障害が原因で亡くなる人は減少した。AHNには表5-1に示すような方法がある。末梢静脈栄養法（PPN：peripheral parenteral nutrition）では，生きるために必要な高カロリーの栄養を投与することはできないが，医師の指示のもとで看護師が施行できる。このため施設で行える医療行為として選択できる。中心静脈栄養法（TPN：total parenteral nutrition）は，心臓に近い太い静脈にやわらかいチューブを挿入し，留置カテーテルを用いて高カロリーの栄養が投与できる[1]。そして，AHNが研究されるにしたがい，胃腸を使った経管栄養のほうがより生理的で，経静脈的に投与するよりも腸管免疫なども期待でき，経静脈栄養法を選択するケースが減少した。とりわけこの30年，中心静脈栄養法や経鼻経管栄養法にかわって，利用者への身体的負担や医療職の負担，経済効果などから胃ろう栄養が広く普及していった[2]。このようにここ30年で選択されるAHNの種類は大きく変化した。

AHNの弊害

一方でさまざまな弊害も生んだ。脱水や肺炎などに対してAHNを行う際に，自ら抜去してしまうような利用者（たとえば認知症など）に対して身体拘束を行っている場合がある。身体拘束は四肢を拘束する，あるいは胴体を拘束する，薬物を使うなどして体の動きを抑制し点滴などの医療処置を遂行するものである。しかし，そのために身体機能が低下する，生きる意欲を失わせるなどの弊害が生じる。脱水や肺炎は改善したが，それまで歩けていた人が歩けなくなる身体機能の低下や穏やかだった人が不穏や興奮を示し，その後のケアに苦慮する，せん妄などを引き起こすことがしばしばみられる。

もちろん，認知症であっても救命を優先し一時的に身体拘束をしなければならないこと

がないとは言えないが，とりわけエンド・ケアの場面においては弊害のほうが大きい。身体拘束をしてまでの医療処置は必要かどうか，本人・家族をまじえて多職種でよく話をすべきである。

☐ 末梢静脈栄養

　エンド期ではだんだんと，経口摂取ができなくなり，脱水が進行することが多い。家族や介護職はただ見ているだけというやるせない思いに苦しむことも多い。その場合には施設や自宅でも末梢からの点滴投与を行うことができる。以前は1日1500mℓ前後の点滴を目安に行っていたが，エンド期においては心肺機能が低下し，低栄養となり，多量の点滴は浮腫や喀痰の増加，心不全などをきたし，本人にかえって苦痛を与えるということが一般的にわかってきた。

　末梢静脈栄養を用い，エンド・ケアを行う際には500mℓ以下の点滴を投与するほうが，浮腫や喀痰が出現しにくい。この場合には体液の少ない状況で静かに経過する。

　臨終に際し「草木が枯れるように」と表現されることがある。多量の点滴投与により心不全を引き起こし，体液が増えたことで喀痰も増え，医療行為として喀痰を吸引されるなどの新たな苦痛が生じることを考えると，「食べられなくなったから点滴をしないといけない」「点滴もしないなんてかわいそう」といった旧来の考え方を改めるべきだと考える。いかに苦痛のない，穏やかな最期を作り出せるかは水分投与量にかかっている。そして，家族や介護職が「見殺しにしたと後悔しないための心のケア」として点滴を投与するのであれば，200から300mℓの少量の末梢からの点滴を行うなどして不要な水分投与による利用者の苦痛を避けることが望ましい。点滴を続けているときに利用者を観察し，下肢や，背中の浮腫が増強してきた場合には点滴投与量が多いと判断する。浮腫は目に見えるところに出現するだけでなく，内臓や心臓，肺の中の胸水という形で同じように出現する。見えるところの浮腫が増強したら，心不全などを起こし，かえって利用者に苦痛を与えている可能性もあるので点滴を少し休むことを考える。また末梢静脈栄養は，継続して行うことで末梢の静脈を痛めてしまう。エンド・ケアでは末梢の点滴のルートが取れなかったらその日は点滴をしないなどの判断も必要である。末梢の点滴が入らないということで一日に何回も何回も針を刺すことなどは，より苦痛を与えることとなり，質の良いエンド・ケアとはいえない。

　在宅や施設では持続皮下注射によって点滴を行うことがある（図5-3）。とりわけ在宅医療が推進されている今，その手技が注目されている。だからと言って積極的に皮下注射をする必要はない。なぜならば近い死が避けられない状況においてもっと重要なことは，それ以前に命のあるがまま，その死を受け入れ静かにケアだけを行うことも選択肢として重要であることを，本人・家族そして多職種で協議してほしい。エンド・ケアに必ずしも点滴や酸素などの医療行為が必要なわけではない。

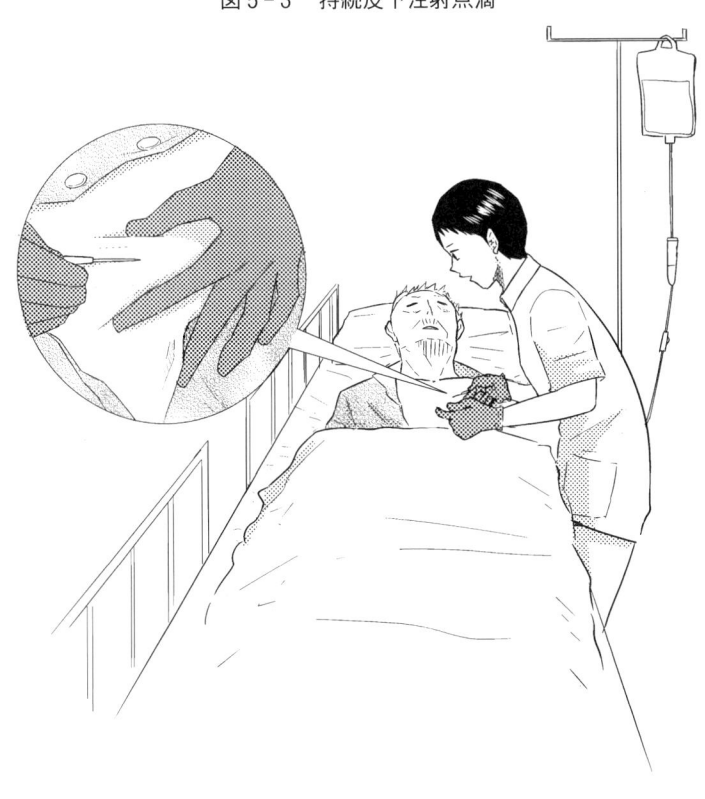

図5-3　持続皮下注射点滴

3 疼痛緩和を図る薬剤の使用とケア

痛みの評価の原則

　疼痛緩和は利用者に痛みの我慢をさせないことである。利用者自らが意思表示できる状況であれば，痛みを訴えやすい環境や雰囲気を作る。訴えることができなければフェイス・スケール（FPS：Faces Pain Scale）などを用いて痛みを客観的に評価する。痛みが強い場合には積極的に鎮痛薬，医療用麻薬などを使用する。

　痛みの評価では，利用者の訴えを信じ過小評価しないことが大切である。次に利用者の痛みの強さを測定し，把握してスタッフ間で共有する。また，なるべく早くから痛みに対応することやケアなどの薬以外の治療法も試みることを忘れてはならない。

　質問をする際には具体的な痛みの場所や痛みの種類，痛みの強さなどを確認する。「痛いところはどこですか？」などとしっかりと聞く。痛みは持続するものや時々痛みを感じる間歇痛などさまざまなので，痛くない時間だけに焦点を当てずに，痛みを感じる時間を作らないようにする。たとえがん患者であっても痛みはがんからくるものだけではなく，長時間の臥床による腰痛や，むくみによる下肢のだるさを伴う痛みなどもあることを見逃

図5-4 WHO方式三段階除痛ラダー

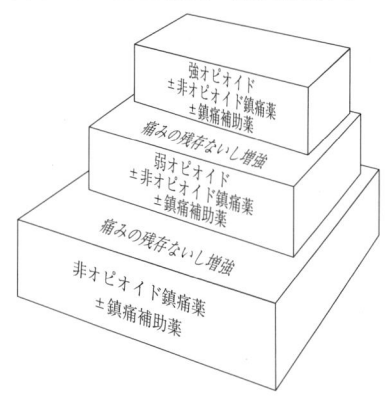

```
        ┌─────────────────┐
        │  強オピオイド      │
        │ ±非オピオイド鎮痛薬 │
        │  ±鎮痛補助薬      │
     ┌──┴─────────────────┴──┐
     │    痛みの残存ないし増強    │
     │     弱オピオイド         │
     │   ±非オピオイド鎮痛薬     │
     │    ±鎮痛補助薬          │
  ┌──┴───────────────────────┴──┐
  │      痛みの残存ないし増強        │
  │                              │
  │       非オピオイド鎮痛薬         │
  │       ±鎮痛補助薬             │
  └──────────────────────────────┘
```

出所：世界保健機関編，武田文和訳（1996）がんの痛みからの解放，第2版，16-19，金原出版を一部改変．

さない。

痛みの強さを測る

痛みに対応するにあたっては，その痛みの強さを見る必要がある。VASスケール（VAS：Visual Analogue Scale）は，10cmの線を引き，痛みなしを0，耐えられない痛みを10として痛みの状態をその間に示してもらう方法である。またNRS（Numerical Rating Scale）は0から10の11段階に分けて痛みを評価してもらう方法である。

しかしながらこれらの方法は，高齢者や意識障害など意思の疎通が難しい利用者には活用しにくい。そこで，小児の分野で開発されたウォン・ベーカー（Wong, D., Baker, C.）のフェイス・スケール（Wong-Baker Face scale）が使いやすい。

エンド・ケアの鎮痛薬の使い方の原則

鎮痛薬は嚥下ができるようであれば経口から投与する。そして痛いときだけに頓服で使うのではなく時間を決めて投与し，医師は痛みの強さを推し量る段階的な評価（WHO除痛ラダー）にそって薬の強さを考える。図5-4にラダーを示す。体の大きさや年齢，腎機能，肝機能，呼吸機能などをかんがみて個別に設定される。そのうえで精神面のケアも追加するなど細かい配慮を行う。ラダーの第一段階はアセトアミノフェンを投与する。肝機能障害が生じることがあるので，基礎疾患に肝臓の病気がある場合には使用を慎重に行うか別の薬を選択する。

医療用麻薬の種類

医療用麻薬（オピオイド製剤）の種類を表5-2に示す。痛みが出現したときには，非ステロイド性の消炎鎮痛薬から投与しはじめる。それでも痛みが取れないときには積極的に医療用麻薬を追加する。高齢者やエンド・ケアでは少量から使い，使うことによる体のダメージをできるだけ回避する。医療用麻薬の副作用として知っておきたいものは，嘔気・

表5-2　オピオイド製剤一覧

オピオイド	商品名®	剤形	投与経路	オピオイド	商品名®	剤形	投与経路
フェンタニル	デュロテップパッチ	貼付剤	経皮	オキシコドン	オキシコンチン錠	錠剤	経口
	デュロテップMTパッチ	貼付剤	経皮	モルヒネ	アンペック坐剤	坐剤	経直腸
モルヒネ	カディアンカプセル	カプセル剤	経口		塩酸モルヒネ散	散剤	経口
					塩酸モルヒネ錠	錠剤	経口
	カディアンスティック粒	顆粒剤	経口		オプソ内服液	液剤	経口
	パシーフカプセル	カプセル剤	経口	オキシコドン	オキノーム散	散剤	経口
				モルヒネ	塩酸モルヒネ注射液	注射剤	静脈・皮下
	ピーガード錠	錠剤	経口				
モルヒネ	MSコンチン錠	錠剤	経口		アンペック注	注射剤	静脈・皮下
	MSツワイスロンカプセル	カプセル剤	経口				
				フェンタニル	フェンタニル注射液	注射剤	静脈・皮下
	モルペス細粒	細粒剤	経口				
				オキシコドン	パビナール注	注射剤	静脈・皮下

出所：日本医師会監修（2008）：2008年版　がん緩和ケアガイドブック, 30.

嘔吐, 便秘, そして眠気である。腎障害があると代謝が遅くなり, 傾眠や呼吸抑制が起こる。呼吸苦が強い場合にはこの呼吸抑制をあえて改善させずに, 患者の意識レベルを下げて苦痛から解放することもある。苦しい状況をいかに短くできるかを考えることも大切である。

痛みを和らげるケア

薬物療法と同様に重要なものとして非薬物療法の疼痛緩和も並行して行う。心地よい時間を作る関わり, マッサージをする, 気分の良い日はベッドから少し離れる。人とのふれあいや気に入っているものとの関わりなどを増やす。つらいと思う時間は痛みも増強するので何がつらいのか, どうしてほしいのかをしっかりと聞き取り対応する。

施設でのエンド・ケアでは薬物療法以上に非薬物的な関わりの効果が期待できる。安心, 幸せ, 居場所……。そういったキーワードをそれぞれの施設で探しながら痛みを和らげるケアを一人ひとりに作っていってほしい。

4 呼吸困難に対するケア

◻ 呼吸困難の原因となる疾患

呼吸困難の原因となる疾患には，気道内異物など機械的気道閉塞，肺がん，感染性肺疾患（細菌性呼吸器感染症，非定型性感染症，抗酸菌症，肺炎球菌感染症，インフルエンザ，上・下気道炎など），免疫・アレルギー疾患（気管支喘息，過敏性肺炎，膠原病肺），長期の環境暴露による塵肺症，肺血栓塞栓症，肺水腫，胸水，原発性肺高血圧症，心疾患，長期の喫煙を主因とする慢性閉塞性肺疾患（COPD），神経疾患，一酸化炭素中毒，骨折などの外傷がある。

呼吸困難とは，呼吸に際しての苦しさや努力感を伴う呼吸のことをいう。呼吸困難は，肺胞でのガス交換に支障が生じている呼吸不全の状態とは異なる場合もあり，呼吸困難があっても呼吸不全がない場合や，呼吸困難がなくても呼吸不全がある場合があるため，注意が必要である。

施設で暮らす抵抗力の低い高齢者では，とくに冬季にインフルエンザや肺炎球菌感染症などの感染性疾患の集団感染を起こしやすい。呼吸器の基礎疾患がある場合は，ワクチン接種を行うことが重要である。

呼吸器疾患は急性的な経過をたどる時期と慢性的に経過する時期がある。慢性呼吸不全の状態でも，終末期の定義はなく，いつからが終末期であるのかを明確にすることは困難である。まして高齢者の慢性呼吸不全では，脳卒中，認知症などと同様に，生命予後の予測がさらに難しいとされ[3]，施設に入所する慢性呼吸不全をもつ高齢者の終末期の特徴にもなっている。

◻ 呼吸困難に対するケア

呼吸困難は肺・気管支，心臓，上気道の障害，心因性，代謝性障害，中枢神経系の障害などで生じる。呼吸数が1分間に30回を超えると，不安や恐怖感をもつようになる。呼吸困難は肺がん患者の70％，すべてのがん患者の50％で生じると言われている。

呼吸困難時のケアでは以下の①から④について考える。

① 体位

呼吸困難時の対応では，まず，安楽な体位の保持と気道確保を行う。ファウラー位や枕を抱えた前傾姿勢など，本人が安楽と感じる体位をとる。上肢の挙上は呼吸困難を増悪させるため，上肢の肢位にも留意する。

② 呼吸法

COPDをもつ者では，自然に口すぼめ呼吸を行って，気道に抵抗をかけて呼吸していることが多いが，とくに深い呼気を伴う口すぼめ呼吸を促すことで，その後に吸気が楽に

行えるようになる。横隔膜（腹式）呼吸をすすめ，深くゆっくりとした呼吸を行うよう声をかける。

気管支拡張薬，ステロイドの処方が行われる場合がある。低酸素血症があれば酸素投与が行われる。

③　酸素吸入による低酸素血症の改善

低酸素血症の兆候には，呼吸困難，呼吸補助筋の使用，多汗，チアノーゼ，意識低下，判断力の低下，混乱，痛み刺激への反応低下，呼吸回数の低下，呼吸の深さの増加，頻脈，不整脈の出現，血圧上昇，血圧低下などがみられる。

PaO_2 30～60mmHgの低酸素状態の場合には，混迷，痙攣，昏睡，呼吸数増加，心拍出量増加，肺血管攣縮，肺動脈圧上昇，肝細胞障害，尿細管機能障害，腎血流障害，乳酸アシドーシスが生じ，PaO_2 30mmHg以下では，重篤な不整脈，脳の障害が引き起こされる。

高炭酸ガス血症の症状には，血管の拡張による手のぬくもり，脈拍の躍動，脈圧増加，発汗，手の羽ばたき振戦，傾眠傾向，そして昏睡状態となる。

施設内で（在宅）酸素療法を行っている場合は，酸素処方流量と時間を守る。急に高濃度の酸素を投与するとCO_2ナルコーシスを生じ，自発呼吸の停止，および意識障害を生じることがあるため，酸素投与を開始する場合は，低濃度・低流量から行う。

酸素濃縮器による酸素吸入では，機器のフィルター清掃，加湿水が必要な機種では，水の交換を行うなど，機器の管理を行う。酸素ボンベを使用する場合は，加湿水を用意し，酸素残量の確認と使用可能な時間の計算を行い，酸素を切らさないように注意する。呼吸困難時に口呼吸となる場合は鼻カニュラではなく，酸素マスクの方が酸素化が図られやすい。

④　その他の呼吸器症状とケア

▷咳のケア　空気の乾燥や冬季の気温低下，一日の寒暖差，急激な温度変化，水分摂取の不足，痰量の増加などにより咳が誘発される。施設内の湿度は50～60%程度，温度は夏季22～26℃，冬季18～24℃に調整し，水分摂取をすすめる。咳の量が多い場合は，鎮咳薬の使用を検討する。

▷排痰のケア　痰の性状には，漿液性痰，粘液性痰，膿性痰，血性痰がある。痰の色では，黄色は痰の中に細菌が多く，黄色から緑色の膿性痰は細菌性・化膿性病変のときにみられる。茶色では，古い血液・食物・たばこの混入が考えられる。肺水腫では，ピンク色で泡沫様を呈する。

痰の量が多い場合，呼吸音を聴取して痰が貯留する部位を確認し，その部位を高くして重力を利用して排痰を促す体位ドレナージを行う。

スクイージング（呼気時に痰貯留部位である胸部を圧迫し，呼気を介助する）などの用手的排痰手技による気道浄化も有効であるが，血性痰のある場合や胸部の骨折がある場合では禁忌である。本人に意識があり，協力が得られる場合は，ハフィング（声帯を開いて息を一気に呼出する）による痰の自己喀出を促すことで，咳をするよりも体力の消耗を防いで，

咳と同等の排痰効果が期待できる。

　排痰を促すために水分補給をすすめ，うがい，加湿，ネブライザー吸入，去痰薬内服などを検討する。痰の吸引はこれらの対応を行っても排痰が困難で，聴診時にラ音などが聴取される場合に検討するが，吸引により苦痛を与えることがある点を認識した上で行う必要がある。

　▷喘鳴のケア　　終末期には死前喘鳴が聞かれることがある。死前喘鳴は，死が迫っており嚥下ができない患者において呼吸に伴って不快な音を生じる気道の分泌物といわれる[4]。全身の衰弱が著明なために，下咽頭や咽頭に唾液などの気道分泌物，上部消化管からの逆流物が貯留し，嚥下や喀出ができないために生じるとされている。咽頭部の喘鳴では，咽頭後方部に唾液が貯留して起こる。気道内部の喘鳴では，身体組織内の水分が過剰の場合気道内に分泌物が貯留して生じる。終末期のがんでは，死前喘鳴が40～70％に生じると言われている。

　エンドオブライフ期の気道分泌による苦痛の改善を目的とするときは，輸液は500mL／日以下に減量・中止することが推奨されている[5]。死前喘鳴が出現する時期は，本人の意識は低下していることも多いが，家族にとっては苦痛に感じることも多い。死亡直前の気道分泌を抑え，死前喘鳴への対応を行うために，抗コリン薬の使用も推奨されている[6]。臭化水素酸スコポラミンは意識を低下させる作用が臭化ブチルスコポラミンに比較して強いため，コミュニケーションを維持したい場合は，使用を勧めない。ベッドの頭部を挙上し，側臥位をとるなどにより，喘鳴が軽減することがある。

❺ 誤嚥性肺炎予防のケア・吸引のケア

▢ 誤嚥性肺炎の予防

　嚥下には，三叉神経，顔面神経，舌下神経が主に関与している。三叉神経は咀嚼筋群（側頭筋，咬筋，内側翼突筋，外側翼突筋）の動きに影響し，下顎の下制・挙上，咀嚼時の臼磨運動をつかさどる。顔面神経は頬筋，口輪筋に分布し，口唇や口角の運動に影響している。舌下神経は舌の4つの固有筋を支配し，舌の形状変化や動きにさまざまな影響を及ぼす。

　嚥下とは，咀嚼により食塊の形成後，形成された食塊が舌の運動により咽頭へ送られる（口腔期）。食物を咽頭から食道に送り込む咽頭期では，舌骨が持ち上げられ，同時に咽頭も上前方に持ち上げられ，咽頭蓋が下がり，気管の入り口をふさぐ。食塊が咽頭から送られてくると，食道入口部が開き，呼吸をいったん停止して，食塊が食道の下方へ送られる（食道期）。

　また，唾液腺の分泌量の低下により，食塊形成に支障が生じやすい。これらの咀嚼や嚥下に関与する神経ががんなどで障害を受けると，舌，軟口蓋の麻痺または協調運動が障害

され，嚥下各期に支障が生じ，食塊をうまく嚥下することが困難になる。

　気管に異物が入った場合は通常は咳嗽反射により押し出されるが，高齢者など，体力が低下している場合などでは，咳嗽反射が低下して誤嚥しやすく，誤嚥性肺炎が生じやすくなる。

　全身や頸部の嚥下筋のリラクゼーションのため，食事前には，口すぼめ呼吸，首の回旋運動，肩の上下運動，胸郭の運動，頬を膨らませたり引っ込める運動，舌を前後に出し入れる，舌で左右の口角に触る，強く息を吸い込む，パ・タ・カの発音訓練など一連の嚥下体操を行うようにする。

　食事のときの体位は30度ファーラー位をとれば，重力が利用でき，食物の取り込み，送り込みがしやすい。起座位，端座位をとれる場合は，足を床に接地して，安定した姿勢をとる。頸部を前屈すると，咽頭と気道に角度がついて誤嚥しにくくなり，嚥下に使う筋群がリラックスし，有効に嚥下に利用される。

　食事は小さく切って押しつぶしたもの，とろみをつけたもの，プリンやゼリー状のものなど，食べやすく口当たりの良いものをゆっくり，少量ずつ摂取する。また，食欲がない時は，分食として，1食を少量にする。1回の食事時間は疲労しない程度にとどめる。

　食後の歯磨きや義歯の手入れ，舌苔の除去など，丁寧に口腔ケアを行い，口腔内の細菌数を抑え，誤嚥性肺炎のリスクを低減させる。体温，呼吸パターン，呼吸音，喘鳴，痰の量の観察と，せん妄の有無も観察する。また，誤嚥時に備え，吸引器の準備を行っておく。

❑ 吸引のケア

① アセスメント

　吸引は，機械的に気道分泌物（痰），唾液，食物残渣，および異物を除き，気道，および口腔内を浄化する方法である。気道内の痰や異物は，通常では咳払いにより，自然に排出しているが，全身状態，意識状態，および呼吸筋力が低下した高齢者の場合には，自ら痰を喀出することが困難となることがある。

　肺野の聴診による痰の貯留部位，痰の貯留量，食事，水分摂取，入浴等との関係をアセスメントする。また，体位ドレナージ，水分摂取，加湿等により気道浄化機能を維持し，痰の自己排痰を容易にするための予防的なケアの取り組みを十分に行い，日常的な吸引を行うことは極力避ける。

　気管内吸引にはリスクを伴い，対象者にも苦痛を与えるものであることを認識し，対象者の病態，使用する器具の選定，合併症とその対応，感染予防策，消毒方法，酸素飽和度モニターの用意などを整える。

② 口腔内吸引

　嚥下機能が低下し，口腔内に唾液，食物残渣が貯留し，誤嚥の危険性がある場合に行うことを検討する。

③ 気管内吸引

　自身で効果的な気道内分泌物の喀出ができない場合，咳や体位ドレナージなどの吸引以

外の方法を行ったにもかかわらず，気道内分泌物の喀出が困難である場合，胸部聴診で，気管から左右主気管支にかけて副雑音が聴取される場合，呼吸音が低下している場合，痰，食物残渣，異物等による窒息の場合，気管内吸引を検討する。

実施方法と留意点

① 口腔内吸引

　口腔内の観察を行い，出血などの異常の有無，義歯の状態，意識状態の観察を行う。口腔内の貯留物の種類（唾液，食物残渣，異物，その他）と量を確認する。

　吸引時に口をあけることによる唾液の気道内への落ち込みや，口腔内の出血や潰瘍の悪化など，口腔内吸引による合併症を防ぐ。

② 気管内吸引

　気管内吸引を実施する者は，気管吸引のガイドラインと同様の要件を満たすように努める。

▷観察　　胸部を聴診し，痰の貯留部位を確認する。

▷物品の準備　　経皮酸素飽和度モニター（SpO_2）を用意する。吸引器，吸引チューブ，消毒薬，リンス用水，拭き綿，チューブを保管する蓋付きの容器を用意する。気管内吸引には閉鎖式吸引システムと開放式がある。閉鎖式吸引システムが感染防御の面で開放式より優れるというエビデンスはない。気管吸引チューブは滅菌器材に，口腔内吸引チューブは高水準消毒器材に指定されている。吸引チューブは，1回使い捨てが原則であるが，再利用する場合でも，最低1日に1回以上は交換する。吸引チューブの保管には，8％エタノール添加0.1％塩化ベンザルコニウム（オスバン，ザルコニンA，トリゾンなど）を用い，消毒液に浸けたまま保管する方法が一般的である。消毒液は8〜12時間ごとに交換する。消毒液は万能ではないことに留意する。神経認知障害（認知症）や視覚障害のある利用者が消毒液を誤飲しないよう，消毒薬や吸引びんは部屋に放置しないよう注意する。吸引器は，少しでも空気が漏れる箇所があると正しく作動しないため，使用前に吸引器の各接続を確認する。

▷排痰援助　　吸引前に，室内の加湿，気道内の加湿をはかり，咳払いができる場合は声をかけて排痰を試みる。スクイージングなどの用手的排痰手技を行うなど，吸引によらず排痰を促す方法を試みる。

▷吸引チューブの挿入　　気管内にチューブを挿入する時，チューブを閉じて，圧をかけないようにすることのエビデンスは明確ではない。粘膜への刺激を考慮し，チューブの挿入時は弱い圧とし，親指で圧を調整しながら行う。

▷酸素化の観察　　吸引時は気道の空気も同時に吸引するため，パルスオキシメータを使用するなどして，低酸素血症に留意する。過度な吸引により気道内圧が低下すると，肺胞の虚脱が起こり，虚脱状態が持続すると無気肺になるため，吸引時間は15秒以内とする。

▷吸引による合併症の予防　　過度な吸引圧やカテーテルの挿入時の手技により気道粘膜を損傷することがある。チューブにより気道感染を生じたり，気道粘膜が刺激されるこ

とで気管支痙縮が生じることがある。また、交感神経系が刺激されることから頻脈、不整脈、徐脈、異常血圧が起こりやすい。吸引により迷走神経が刺激されると徐脈、低血圧が起こる。吸引の刺激によって起こる咳嗽反射により頭蓋内圧が上昇すると頭蓋内亢進が生じることがある。心疾患、呼吸不全、抗凝固薬服用中、最近、喀血した者、肋骨や脊椎骨折している者、気胸のある場合は禁忌である。

⑥ 褥瘡・皮膚トラブル予防ケア

☐ 高齢者の皮膚の特徴

　皮膚には加齢とともに必然的に変化していく老化現象がある。高齢者の皮膚は、皮膚の生理機能やバリア機能の低下による脆弱（もろく弱い）化、表皮の菲薄（薄くなる）化、真皮弾性線維の形態や機能の低下によるしわやたるみの発生、皮脂膜や角層の働きの衰えによる乾燥、水分保水能力や皮脂分泌機能の低下による弾力性の低下がある（**写真5-1**）。また、高齢者は、皮下組織の弾力性が損なわれることにより、外部からの機械的負荷に対する抵抗力が低下することと、加齢による身体可動性・活動性の低下により持続的な圧迫が生じるリスクが高くなることから、褥瘡を発症する危険性が高い。

　エンド期にある者の皮膚はさらに脆弱な状態にある。加齢に伴う皮膚の老化に加え、低栄養や貧血、基礎疾患からくるデルマドローム（内臓病変とともに経過する皮膚変化）、治療の影響、免疫・代謝機能や自然治癒力の低下により、皮膚生理機能はさらに低下し、皮膚トラブルを起こしやすい。そのため、一度スキントラブルや褥瘡を生じると創傷治癒過程（創傷が治癒する過程）が遅延しやすく、感染や壊死に至る場合もある。

　そのような脆弱な皮膚にもっとも多く見られる創傷に、スキンテア（Skin Tear(s)）がある。スキンテアとは、「主として高齢者の四肢に発生する外傷性創傷であり、摩擦単独あるいは摩擦・ずれによって、表皮が真皮から分離（部分層創傷）、または表皮および真

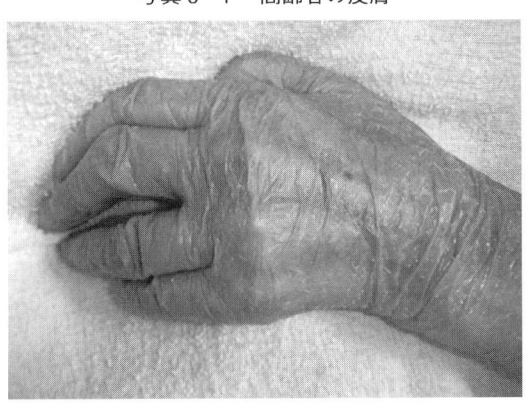

写真5-1 高齢者の皮膚

写真5-2　スキンテア（車いす移乗時に発症）　　写真5-3　スキンテア（更衣時に発症）

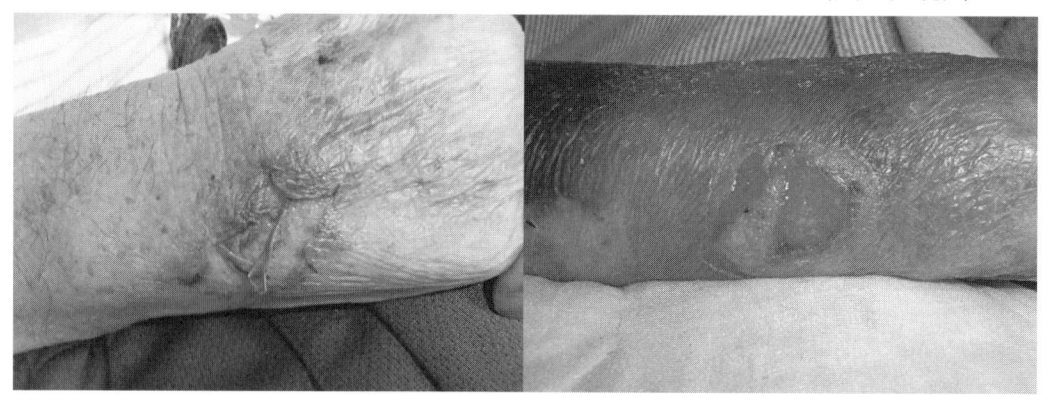

皮が下層構造から分離（全層創傷）して生じる」創傷のことであると，日本語版STARスキンテア分類システム用語集で定義されている。スキンテアの要因は，老人性紫斑，斑状出血，ヘマトーマ（血腫），瘢痕（以前のスキンテアや皮膚損傷の），浮腫などがあり，他人にケアを依存しなければならない人に起こりやすいとも言われている。

スキンテアの多くは，在宅や高齢者介護施設などで「ベッド柵に手が当たり皮膚が裂けてしまった」「テープやフィルムドレッシング材を剥がす時に一緒に皮膚が剥けてしまった」といった場面などで生じる（写真5-2，5-3）。

◻ スキンケアのポイント

虚弱な高齢者にみられる，特徴的な4つの皮膚症状（乾燥，菲薄，浸軟，浮腫）のアセスメントのポイントを表5-3にまとめた。

予防的スキンケアは，清潔を保持する，刺激物を除去する，乾燥を予防する，紫外線から防御する，圧迫・摩擦・ずれから保護する，尿・便失禁による汚染から防御する，感染を予防する，保温保湿に努めることである。虚弱な高齢者には，皮膚の生理機能を維持することで皮膚の防御機能を保つ，予防的スキンケアの実践が重要である。また愛護的なスキンケアは，スキントラブルを予防するだけではなく，皮膚に触れること（タッチング）により，疼痛を緩和し，不安の軽減や緊張の緩和など，心身への安心感を与える効果もある。

◻ 清潔ケア

個々の状態に合わせて入浴・シャワー浴・部分浴・清拭などを行い清潔を保持する。同時に全身の皮膚を観察し，異常の早期発見に努める。入浴は37～39℃の熱すぎない湯にゆったり入る。熱い湯や石けんの使いすぎは，皮脂を除去しすぎてしまい，皮膚の乾燥を招く。弱酸性石けんを十分泡立て，皮膚をごしごし強く擦らず，柔らかい布等を用いて優しく包み込むように洗う。皮膚への化学的・物理的刺激を避けるため，入浴時に使用する石けんは，香料の強いものやアルカリ性のものを避け，洗身にはナイロン製のブラシやタ

表5-3 虚弱な高齢者に特徴的な皮膚症状におけるアセスメントのポイント

項目	乾　燥	菲　薄	浸　軟	浮　腫
皮膚アセスメントのポイント	□部位，程度，湿疹の有無，季節 □掻痒感の有無 □臀部・四肢伸側皮膚のびらん様鱗屑 □下腿前面の浅い亀裂の形成 □掻爬痕と点状痂皮の有無 □寒暖による症状出現の有無 □生活環境 　エアコン調整下の室内 □清潔習慣（入浴） 　入浴頻度 　入浴温度 　入浴時間 　洗浄方法 □食事・水分摂取量 □栄養アセスメント	□皮膚光沢の有無 □ちりめん皺の有無 □静脈の透見 □毛細血管の拡張 □点状出血，斑状出血 □皮膚色調 　色素沈着 　色素脱失 　白斑 □乾燥の有無 　汗分泌の減少 □皮膚炎の有無 □感染症の有無 □掻痒感の有無 □掻爬痕の有無 □基礎疾患・既往歴 □使用薬剤歴 　ステロイド剤 □清潔習慣（入浴） □日光暴露 □食事摂取量 □栄養アセスメント	□皮膚光沢の程度 □圧迫痕の有無 □発汗の程度 □湿潤の程度 □室内や外気の温度・湿度 □皮膚感染症・皮膚潰瘍・褥瘡などの有無 □排泄物の性状 □排泄物の漏れ □IN・OUTのバランス □感染徴候 □栄養状態 □基礎疾患・既往歴 □薬剤使用歴 　ステロイド剤 　輸液の種類，量 □食事摂取量 □栄養アセスメント	□皮膚と皮下の状態（局所性・全身性） 　圧痕の有無，程度 　弾力性の有無 　皮膚温の低下 　腫れ 　皮膚の緊満性の有無 □象皮症の有無 □皮膚炎・潰瘍の有無 □手指の掌握の程度 □四肢の屈曲状態 □体重の増加 □尿量の減少 □腹囲の増加（腹水） □呼吸状態（胸水） □下痢（消化管浮腫） □倦怠感，嘔気・嘔吐（電解質バランスの崩れ） □食事摂取量 □栄養アセスメント

出所：日本看護協会認定看護師制度委員会創傷ケア基準検討会編著（2002）：スキンケアガイダンス創傷ケア基準シリーズ3，109-151，日本看護協会出版会．

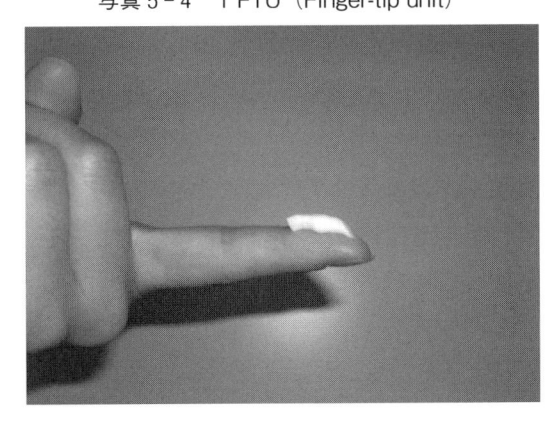

写真5-4　1 FTU（Finger-tip unit）

オル，軽石，ヘチマなどの使用を控える。

保湿ケア

　高齢者は，体温調節機能の低下により暖房器具を使用する場合が多い。暖房器具使用時は，加湿器などを使用し湿度が40％以下にならないように環境を調整する。入浴や清拭の

後には，保湿剤を全身に塗布する。保湿剤を塗布するタイミングは，清潔ケア直後の，皮膚温が高く皮膚がしっとりしている状態で使用することが望ましい。また，スキンテア予防には，1日2回保湿クリームを用いることで発症率が半分になったという研究報告もある。[8]

　高齢者介護施設では，多人数の入浴介助により，入浴直後に保湿ケアを行う時間的余裕のない場合がある。保湿ケアで重要なことは，毎日継続したケアの実践である。そのためケア提供者は，清潔ケア後に時間が経っても保湿ケアを忘れないなど，保湿ケアを習慣化することが大切である。

　保湿剤は，一度にたくさん塗布せず，少量を両手に薄くのばし，擦らず優しくなでるよう愛護的に塗布する。ベタつきが気になる場合のほとんどは，つけすぎが原因である。少し足りないと思うくらいが適量である。皮膚の掻痒感や乾燥が強い場合は，皮膚科医師に相談し，適切な外用薬を処方してもらう。外用薬は，塗布する量が適切でないと効果が得られない。使用量に関しては，最近フィンガーティップユニット（FTU）という考え方がある。成人の指尖部に軟膏やクリームを乗せた量を，FTU（Finger-tip unit）という単位にして使用量の目安にしたものである。口径5mmのチューブから軟膏やクリームを人差し指の尖端から第一関節まで乗せた量（写真5-4）を1FTU（約0.5g）とし，手掌2枚分の面積の塗布量に相当する。ローションでは1円玉大となる。保湿ケアを毎日全身にくまなく行うことは，大変な労力と時間を必要とする。皮膚に潤いを与える入浴剤を併用するのも一つの活用法である。

☐ 尿・便失禁ケア

　基本は，失禁の原因を探り治療やケアを行う。尿・便失禁時には，肛門や外陰部を強く擦ると皮膚を剥離し，びらんを生じる疼痛や灼熱感も伴うため，陰部は洗浄を行う。ただし，石けんを用いた頻回な陰部洗浄は，皮膚のバリア機能を破綻させるため，1日1回までにとどめる。

　洗浄後は，撥水効果の高い保湿剤を用いて，排泄物から皮膚を保護する。紙おむつ使用時は，皮膚炎やカンジダ症に注意し皮膚をよく観察する。

☐ 圧迫・摩擦に対するケア

　活動性が低下している高齢者に対する移動動作介助は，労力を必要とする。力まかせの無理な介助は，皮膚への圧迫やずれが生じ，褥瘡発生や介助者の腰痛の原因になっている。体圧分散を考えた姿勢管理を実施し，引きずらない，擦らない自然な動きに合わせた介助方法やリフト移乗などを実施する。また，着衣やシーツを引っ張ることや身体を押すことでも摩擦が起きやすいので注意する。

　動作介助時や日常生活支援時は，その無意識なケアにより車いすやベッド柵などが皮膚に当たり，スキンテア（表皮剥離）を発症する可能性が高い。損傷を予防するため，包帯やアームカバー，レッグウォーマーなどで皮膚を保護する。

高齢者は、栄養摂取量と体動減少による筋肉量の低下から、骨が突出しその部位に圧迫とずれが集中しやすい。体圧分散寝具の使用や体位変換を行い、同一部位への圧迫を回避することが大切である。骨突出部の皮膚は、毎日観察し強い圧迫やマッサージを避ける。ポジショニングクッションを使用する際は、圧分散の効果を発揮するために、できるだけ広い面積で体重を支える姿勢をつくることが大切である。

日常生活環境への配慮
　肌着は、化学繊維や身体に密着する下着より、木綿や絹製のものを大きめのサイズで緩やかに着用する。爪の手入れは定期的に行い、搔痒感による搔爬の可能性がある場合は、手袋などを使用して皮膚損傷を予防する。栄養バランスや消化吸収の良い食生活を心がけ、アルコール・香辛料・味の濃い食品・熱い食品などの刺激物は控える。外出時は、直射日光を避けるため肌の露出を避け、帽子などを着用する。

7　低栄養に対するケア・胃ろうのケア

低栄養とは
　低栄養とは、たんぱく質とエネルギーが欠乏した状態、健康な身体を維持し活動するのに必要な栄養素が足りない状態である。低栄養においてもっとも深刻な状態は、たんぱく質とエネルギーがともに不足したPEM（たんぱく・エネルギー栄養障害：Protein-Energy Malnutrition）という状態である。エンド期にある者は低栄養状態にあることが多い。

栄養状態の評価
　栄養状態が良いか悪いかどうかは一目見て、るいそうが著明でないか確認するだけではなく、栄養状態をSGA（Subjective Global Assessment：主観的包括的アセスメント）で評価する。SGAとは、体重変化や食物摂取状況・消化器症状・活動性・ストレスとなる病態の評価などの簡単な問診と身体状況の視・触診から構成される主観的な栄養アセスメント法である。訓練すれば介護職でも評価できる。
　表5-4の事例では、脳梗塞発作毎に体重の減少が見られた。これは脳梗塞やエンド期による体力・ADL低下と摂取量の低下により、体脂肪量や骨格筋量が減少したと考える。さらに大腸炎によるストレスがあり、必要量が満たされていない結果である。浮腫もあることから、低たんぱく血症でもある。職員にはアセスメントから、低栄養と判断し、経口摂取の工夫に努めることが求められる。
　しかし、経口摂取だけで限界がある場合、①そのまま経口のみでいくか、②点滴を行うか、③経鼻栄養をするか、そして④胃ろうをするか、⑤それぞれを併用していくかの選択が迫られる。

表5-4　SGAでの評価の例

病歴	情報からの気づき	予測できること
体重変化	体重40kg，先月46kg	6か月間にわたる体重減少は，慢性的な進行性症状か食生活の変化が原因と考える。短期間での体重減少は栄養不良の危険性が高い
食物摂取状況	食欲低下，流動食に食形態の変化，野菜煮物中心偏り	食物摂取の習慣が変わると，病気を発生しやすく低栄養の危険性が高くなる。摂取カロリーが推測できる
消化器症状	腹痛，下痢	15日以上の長期間に消化器症状が認められる場合は栄養不良を伴う危険性が高い。嘔吐や下痢，食欲不振が持続的に伴う場合も危険である
身体機能	左膝が痛い 腕が上がらない 3食とも車いすに乗っての食事 ADLの低下	毎日の身体活動について質問，観察する。栄養不良があると体力が低下し，運動意欲も低下する。筋肉量の減少を予測する上でも重要なポイントになる
栄養必要量の関係	認知症 大腸炎の診断	病気が発生するとストレスにより身体の必要量が変化する
身体所見	むくみ 食べたことを忘れる	筋肉や脂肪の喪失，浮腫などから栄養不良による身体構成成分の変化を推測する（浮腫や腹水は他の病気の症状でもあるので注意が必要）。認知力低下にも注意する

出所：大谷順（2007）：レジデントのための栄養塾，栄養アセスメント（1），週刊医学界新聞，第2743号（www.igaku-shoin.co.jp/paperDetail.do?id=PA02743_06）（2015.8.24）を一部改変.

☐ 胃ろうにおけるカテーテルとケア時の留意点

　胃ろうとは，胃—腹壁—上皮間にできたろう孔（穴）のことをさす。病気のため口からだけでは十分な食事がとれない場合，内視鏡を用いた手術（局所麻酔）で，胃に直接カテーテルを入れ，栄養投与していく方法である。胃ろうを造る手術のことをPEG（Percutaneous Endoscopic Gastrostomy：経皮内視鏡的胃ろう造設術）という。

　胃ろうカテーテルには，4つの種類（胃の外部で支える外部ストッパーのボタン型とチューブ型，胃の内部で支える内部ストッパーのバンパー型とバルーン型）がある（図5-5）。カテーテルは定期的な交換が必要であり，バンパー型は5～6か月（4か月未満の交換では保険請求できない），バルーン型は毎月を目安に交換する（内部ストッパーを膨らますための蒸留水を定期的に交換する）。交換は，医師が行うが，介護職もカテーテルの種類やサイズ，蒸留水の量，いつどこでどうやって交換するのか理解しておくことが大切である。

　胃ろう造設者については身体ケア（口腔ケア，チューブのケア，皮膚トラブルのケア，排泄ケア），注入時のケア（体位，注入速度），薬剤管理，精神的ケア，リハビリテーション，介護者支援などのケアが必要となる。医療と介護ニーズが高い胃ろう造設者に対しては，多職種間の連携・協力が求められる。

☐ 胃ろう造設者であっても経口摂取を試みる

　胃ろう造設者で経口摂取していない利用者であっても，口腔ケアは，食べる喜びを取り

図5-5 胃ろうチューブの種類

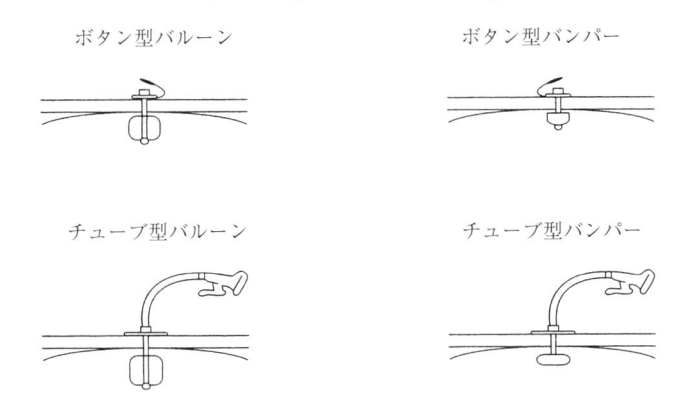

ボタン型バルーン　　　　　ボタン型バンパー

チューブ型バルーン　　　　チューブ型バンパー

戻すことにつながる。一度，胃ろうを造設した者が再び経口摂取できるようになるケースは多い。この判断のきっかけになるのは，もっとも近くで見ている介護職である。徴候（咳や唾でむせることが減る，喉がゴロゴロしない，舌苔・吸引が減る，熱が出ない，体重増加，よく話す，呼吸が楽そう）が観察される場合，看護師や理学療法士（PT），言語聴覚士（ST）などの医療職に相談するタイミングを逃さない。「これなら食べられそうだ」と思った場合，嚥下機能評価につなげる。嚥下機能評価には，反復唾液嚥下テスト（RSST），改訂水飲みテスト（MWST），嚥下造影検査（VF），嚥下内視鏡検査（VE）がある。しかし，施設のエンド期においては医療機器を使用するVFやVEは行われないことが多い。

☐ 胃ろうチューブ挿入周囲の観察と管理

胃ろう周囲の観察は，カテーテルの状態（汚れや破損），漏れの状態，老廃物の付着状態，皮膚の状態である。

とある施設で，胃ろうカテーテルのチューブ部分をオムツの中にしまわれている利用者がいた。ろう孔は「口」の部分であり，それを見て，悲しい気持ちになった。その利用者は認知症でカーテルを引っ張るとのことで，つなぎ服を着て手を抑制されていた。ろう孔はただれが強く，老廃物付着，悪臭があった。そのため微温湯でこまめに洗浄し，つなぎ服をやめて通常の衣服とし，チューブ部分はガーゼにくるみ，腹巻に入れるようにした。できるだけ起こして話しかけ，チューブに気がむかないようにした所，ろう孔の状態は改善した。

ケアする側は鏡で自分の顔をみるように，カテーテル挿入周囲をよく観察し，基本的ケア（皮膚の清潔，ろう孔部の摩擦，圧迫の除去）を実施すればトラブルは解消できる。カテーテルの状態は，外部ストッパーを締めすぎていないか（1～2cmのゆるみを持たせる），カテーテルはスムーズに回転するか（1日1回以上まわす），チューブが普段より短くなっていないか（印をつけておく），チューブが垂直に保たれているかを観察する。

また「胃ろう評価スケール」に示されているように，カテーテルの状態（汚れや変形），漏れの状態や漏れている場所，老廃物付着の状態，皮膚状態をチェックしていけば，介護

職も異常の早期発見ができる。

現在，施設においては胃ろう造設者はめずらしくない。スキンケアや栄養剤の注入などのケアは，看護師を中心に提供されている。しかし，エンド期における本人の真のニーズをつかみ，再び食べられる可能性やタイミングを介護職は見逃がさないようにしなければならない。可能性があれば，それをチームで検討し，経口摂取を試みることもエンド期では大切である。

8 認知症・せん妄を配慮したケア

☐ エンド期はせん妄になりやすい

せん妄は，意識混濁に加えて幻覚や錯覚が見られるような状態をいう。認知症は慢性的に徐々に悪化するが，せん妄は急激に現れ，経過も短く回復可能である（表5-5）。しかし，せん妄を繰り返し起こす者は認知症になりやすく，認知症自体がせん妄の原因にもなる。

高齢者は心身や環境の変化で容易にせん妄を引き起こしやすいため，エンド期ではせん妄や認知症に配慮したケアが求められる。

介護施設で暮らす高齢者（利用者）は認知症をもっていることが多い。利用者が，エンド期に移行するなかで，病状が悪化したり，療養環境が変化し，行動や言動が落ち着かなくなったり（不安・焦燥），現在自分がいる場所や時間の感覚がわからなくなる（見当識障害）といった症状が悪化する時がある。

その際，家族や職員は「認知症が悪化した」と判断しがちであるが，実はその裏に身体的な不調や心配事，ストレスが隠されており，その一過的な精神状態の変化はせん妄であることも多い。つまり，認知症にせん妄が加わっている状態といえる。認知症高齢者は，加齢に加えて，脳の脆弱性や認知機能が著しく低下しているため，せん妄状態を起こしやすい。

☐ せん妄は原因を取り除くことが大切

せん妄はその要因を取り除けば，症状は改善される。薬剤（抗パーキンソン薬，抗不安薬，睡眠薬，頻尿改善薬，高血圧薬，オピオイドの鎮痛薬，ステロイド等）が原因の場合もあれば，脱水，痛み，感染，骨折，拘束，入院など体調や環境の変化が原因となる場合もある。エンド期では心身の状態が悪いため，せん妄の原因は複数あることが多い。「認知症だからしかたない」と片付けてしまえば，利用者の不調や不快を見逃し，穏やかな最期を迎えさせてあげることができなかったと後悔を残す結果となる。「普段とは違う。せん妄になっているかもしれない」と認知症高齢者の声にならないサインをとらえ，速やかに原因をアセスメントすることが大切である。

表5-5　認知症とせん妄の違い

	認知症	せん妄
進行・出現	徐々に緩やか	急に出現
原　因	脳の器質的な変化，病変	身体的な疾患発症や症状の出現，心身のストレス
経　過	徐々に長期にわたり永続的・不可逆的	原因を取り除けば一過性・可逆的

出所：Expert Nurse, Vol.27 No.9（2011），31を筆者改変。

□ エンド・ケアにおけるせん妄のケア

　せん妄は終末期がん患者の85～90％に生じ，30～70％は回復しないままに死に至り，家族に多大なストレスをもたらしている。せん妄を見た家族は，「以前と違う姿を見るのがつらかった」「何が起きているかわからない，途方にくれる」とつらい気持ちを述べているが，これは介護職も同じ気持ちである。まずは，医師に相談し，薬剤相互作用を引き起こしている可能性があり，終末期にはもはや有用でない薬剤の中止（コレステロールを下げる薬など），水分を補給し（経口や点滴にて）脱水状態を改善させる，せん妄を軽減する薬剤を処方してもらう等のケアを行う。

　また，できるだけ，自宅環境に近づけるために，家で使っていた布団や枕を施設でも使う，馴染みの人形や写真などを置く，カーテンの色を暖色系にする，つねに人の気配を感じられるようにドアを開けたり，たびたび声を掛け，手や体をタッチングする。

□ 認知症に対するケア

　認知症をもつ者はうまく言語で訴えることができない。痛みが強かったり，かゆみがひどい場合等，他人をたたいたりすることもある。そのような行動の裏には，エンド期での耐えられない苦痛があると考え，身体の状態を観察する。体力が消耗し，自分で動けず，腰や足が痛いのかもしれないし，のどが渇く，体がかゆい，尿や便が出て気持ちが悪い等，その原因を探していく。認知症をもつ者は，記憶障害，見当識障害，思考や判断，物事の実行機能障害等，さまざまな障害の世界のなかで，孤独にいる。それに加えて，死に対する恐怖や不安が押し寄せてくるエンド期には意識してやさしく親切に対応することが大切である。なかには，「認知症で状況がわからず，痛みも訴えない」と判断される者もいるが，多くの利用者が，つらい悲しい状態にいることを理解しなければならない。

　認知症のコミュニケーション法としてバリデーションや効果的なケア手法としてのユマニチュードが，注目されている。バリデーションは確認する，強化するという意味を含み，表5-6のようなテクニックが紹介されている。

　認知症ユマニチュードの4つの柱は，ケアの「見つめる」「話す」「触れる」「立つ」がある。いずれにしても，認知症をもつ者に対して，近い距離からしっかり見つめる，ケアの間中話しかけ，背中などに触れる，ベッドから離れて立つ，そして歩くという包括的なケアである。

表5-6 バリデーションテクニック

① センタリング（精神の統一・集中）	⑧ 曖昧な表現を使う
② 事実に基づいた言葉を使う	⑨ はっきりとした低い・優しい声で話す
③ リフレージング（本人の言うことを繰り返す）	⑩ ミラーリング（相手の動きや感情に合わせる）
④ 極端な表現を使う（最悪・最善の事態を想像させる）	⑪ 満たされていない人間的欲求と行動を結びつける
⑤ 反対のことを想像する	⑫ 好きな感覚を用いる
⑥ 思い出話をする（レミニシング）	⑬ タッチング（ふれる）
⑦ 真心をこめたアイコンタクトを保つ	⑭ 音楽を使う

出所：ナオミ・フェイル／藤沢嘉勝監訳（2005）：バリデーション（第2版），62-74，筒井書房をもとに筆者が表に作成．

9 排尿症状（乏尿，尿閉，失禁，残尿）に対するケア

☐ 尿量低下に伴う尿路感染症予防

エンド期になると食事や水分摂取量が低下し，それに伴い尿量は減少する。尿量が低下すると，尿路感染症が発生し，頻尿，尿失禁，排尿痛が出現しやすい。トイレでの排泄介助やおむつ交換時に，尿の臭いや混濁・色を意識して確認し，尿路感染の早期発見を行う。

感染の兆候があれば，受診して医師の指示により抗生物質の服薬を行う。できるだけ口から水分が摂れるように促し，場合によっては抗生剤入りの輸液を一時的に投与することがある。いずれにしても，エンド期には尿路感染症予防を念頭に置いて，日頃から，こまめに水分補給に努める。また，陰部の洗浄を行い，清潔を保つ。

☐ 頻尿に対するケア

日中8回以上を頻尿といい，夜間に排尿のために1回以上起きなければならないときを夜間頻尿という。頻尿の原因は尿路感染症や過活動膀胱のことが多い。過活動膀胱は，「尿意切迫感（急に起こる，抑え切れない強い尿意）を有し，通常は頻尿および夜間頻尿を伴い，切迫性尿失禁を伴うこともあれば伴わないこともある」。除外診断に，尿路感染症や泌尿器系のがんがある。

エンド期にある者は，加齢や脳神経疾患，神経症等をもつことも多く，過活動膀胱を有している可能性は高い。したがって，急な尿意に備えて尿失禁対応型布パンツや尿器，尿パッドを用意しておく。一般に尿意を刺激するカフェイン入りの飲み物は控え，カフェイン含有量が少ない水やほうじ茶，麦茶に切り替える。しかし，エンド期にある者にはまずは，好きなものを飲ませることが大切である。また，不安や痛み，恐怖のために不眠となり，夜間頻尿となっている可能性が高い。この場合，身体的・精神的ケアが必要となる。

また，夜間多尿となり，夜間頻尿となっている者もいる。これは，循環機能の低下や下肢の筋力低下に伴い，心ポンプや筋ポンプが働かず，血液が下半身に溜まり，夜間横に

なった姿勢になると血液が腎臓に回り，腎血量が増えるために夜間多尿となる。これに対しては，昼間できるだけ足を動かす，足浴をする，または，エンド期において，尿が出ることは夜間であってもよいことだと受け止めて，夜間頻尿のその都度，介護を行う。

失禁に対するケア

失禁には，①尿意切迫感により漏れる切迫性尿失禁，②骨盤底筋力低下による腹圧性尿失禁，③前立腺肥大等のために膀胱内に残尿が溜まっており溢れ出すように尿が漏れる溢流性尿失禁，④尿路系は異常がないが手足が不自由，認知症でトイレがわからず間に合わずに漏れる機能性尿失禁がある。

エンド期の利用者は脳卒中や神経病，がん等の疾患をもち，男性であれば前立腺肥大症，女性であれば子宮脱の可能性もあり，さらに，エンド期であるため筋力低下や寝たきりの者が多く，なんらかの尿失禁をもっている可能性が高い。エンド期において失禁は自尊心を低下させる要因となる。失禁しないようにトイレに近い場所での療養とその都度の介助，もしもに備えての物品（尿器，ポータブルトイレ，尿失禁対応型布パンツ，尿パッド，おむつ等）を準備しておく。溢流性尿失禁の場合，残尿により尿路感染症や腎機能低下をもたらすので，排尿した後の残尿には注意する。もしも失禁したら，すぐにパンツや衣服の更衣を行い，本人を傷つけるような発言もしない。また，一度の失禁だけで，おむつ着用にしないようにする。まずは，本人の尿意の訴えに耳を傾けること，タイムリーにトイレ介助を行うことである。エンド・ケアの介護は長期に続かない。だからこそではないが，その瞬間，瞬間，手間をかけてケアを行うことが重要となる。とくに，自尊心に影響する排泄ケアはなおさらである。何よりも本人の気持ちになることである。

排尿アセスメントと残尿測定

排尿症状は大きく分けて①蓄尿症状（頻尿や尿失禁）と，②尿の排出障害（尿途切れ，残尿等）がある。これらの症状があれば排尿日誌をつけると対応しやすい。日誌につけることは時間と一回の排尿量，水分量，その他（失禁や随伴症状，行動）である。通常，3日間記載することがよいといわれるが，エンド期においては排尿が異常でかつその原因を考えなければならないときに記載する。その際は，3日間でなく負担にならないよう，介護職が観察できる時間帯のみ記載してよい。

残尿機器があれば，排尿後の残尿を計る。これにより，尿閉，乏尿，無尿が診断できる。残尿測定は下腹部に機器をあて，超音波で簡易測定できる器機もある。これなどは，エンド期の者にも苦痛なく測定できる。

しかし，施設では残尿測定の機器は高額なために整備されていないところが多い。近年ではレンタルもあるが，やはり観察が重要となる。下腹部が張っているのに尿線が弱い，尿途切れがある，腹部に力を入れないと排尿できない，これらの症状があれば，尿閉による残尿があると判断する。また，おむつでのパッド測定やトイレでの排尿量が少ないと判断すれば，乏尿や無尿だけでなく残尿の可能性もあると考える。残尿が多く自分で排尿で

きない場合，介護職は看護師に報告し，昼間看護師がいる時に間欠的導尿を依頼する。日頃からトイレ誘導をして流水音を聞かせたり，仙骨部の軽いマッサージをしたりして残尿の排出を促す。注意すべきことは腹部を強く圧迫しないことである。強く圧迫すると，腎臓に尿が逆流し，腎機能障害を増強する。間欠的導尿については，在宅での自己間欠的導尿セットがあり，準備できる可能性がある。その導入については施設側と家族とで相談を行う。

乏尿・無尿に対するケア

乏尿は，一日の尿量が400mℓ以下となった状態で，さらに尿量が低下し，50〜100mℓ/日以下となった場合を，無尿という。エンド期には循環機能，腎臓機能の低下，意識の混濁等に伴い，経口摂取が不能となり，乏尿や無尿状態となり，死が近づいた兆候としてとらえられる。介護職員は直ちに看護師や医師に報告する。注意することは，膀胱内に尿が溜まっているのに排出できない尿閉であるのに，乏尿・無尿と間違われることである。この場合は，残尿測定を行い，留置でなく一時的な間欠的導尿を行う。膀胱留置カテーテルは本人の苦痛があり，見た目にも重症のイメージを与えるので挿入は避け，もしも必要ならば慎重に検討すべきである。施設で膀胱留置カテーテルができ管理できる体制かどうかも重要であり，本人や家族との意思も確認し相談して決める。

また，不要に大きなサイズのおむつは使わない。小さめのサイズの尿とりパッドに切り替えてもよい。ただ，この時期には，便失禁もみられるので，こまめに観察，交換を必要とする。

10 排便症状に対するケア

エンド期における排便の特徴

便の量は，食べた物，とくに食物繊維量に比例する。エンド期にある者は，食欲の低下から，食事摂取量が減り，さらに，軟らかいものやのど越しのよいものを選ぶ傾向があり，食物繊維の摂取量が低下していく。そのため便量が少なくなる。また，寝たきりで，日中ずっといすに座ったままで活動量が少ないと，大腸の蠕動運動も低下する。腸の動きが悪いことで，便の大腸通過時間が長くなり，過剰に便から水分が吸収され，硬便になる。腹部の筋力も低下し，十分な腹圧をかけることもできなくなる。その結果，便秘になりやすい。

また，消化能力の低下，腸内環境の悪化（善玉菌は減少し，悪玉菌が増加する）のため，便秘だけでなく下痢を起こしやすくなる。さらに，直腸の感覚が低下することで，便が降りてきていることに気づかない，なんとなくお腹やお尻は気持ち悪いと感じるが，それが便意だと認識できない，さらには，直腸にあるものが便なのか，ガスなのか判断できない

などの症状がみられる。

　逆に下痢便の場合などは，肛門部の括約筋の低下から，便を直腸にためておくことができず，常に便が漏れているなどの便失禁になりやすい。

便秘に対するケア

　施設における排便症状の中で，一番多いのが便秘である。調査によると，施設で暮らす30から40％の高齢者が便秘であったとされている。[14]このように便秘を訴える高齢者が多い一方で，現在の医療でも，明確な便秘の定義はない。それは，毎日排便があってもすっきり感が得られない人，3日に1回でも気持ちよく排便できる人など，その状況や訴えに個人差が大きいからである。したがって，個別性のある対応が必要となる。

　便秘は大きく器質性便秘（がんなど大腸直腸肛門疾患）と機能性便秘に分けられる。機能性便秘は腸の動きが緩い弛緩性便秘，ストレスなどで下痢便秘を繰り返す痙攣性便秘，直腸に便が溜まり排出できない直腸性便秘がある。まずは，便秘の種類を判断する。

　便秘の種類を問わず第一に観察することは，食事摂取量がどのくらいかということである。エンド・ケアの対象となる利用者は，食事摂取量が以前より低下している。まずは，どんなものがどのくらいの量摂取できているのかを把握する。そして，以前しっかり食べていた時の便量と，現在の食事量を照らし合わせ，妥当な便の量や回数なのか，それでもやはり便が出ていない状況なのかを判断する。食事量が減ってきているにもかかわらず，以前と同量の排便回数や排便量を基準として考えると，下剤投与や摘便など苦痛を伴う処置が無意味に多くなる。本人と会話ができるようであれば，腹部の不快症状がないかをたずねる。不快症状とは，お腹の痛み，お腹が張ったまたは膨れた感じ（腹部膨満感），お尻（肛門部）に便があるような感覚，嘔気，などがあるかどうかであり，おならが出ているかどうかもたずねる。

　腹部の痛みは，腸閉塞の症状である場合もあるため，強く刺すような痛みであれば，医師の診察を受ける必要がある。腹部膨満感は，腸蠕動が低下し，大腸内に便やガスが滞っている可能性がある。肛門部に便があるような感覚は，実際に便が直腸にある可能性がある。肛門部を観察しても表面上何も確認できなければ，看護師が肛門周囲の刺激や摘便を軽く行い，便の有無を確認する。この刺激で排便が促されることもあるため，実施する際は，あらかじめ便器を用意するなどの準備をしておく。

　本人が症状を訴えられない状況の場合は，看護師が腹部の診察（フィジカルアセスメント）を実施する。視診で腹部の張りはないか，聴診で蠕動運動の有無を観察する。また，打診で便やガスの貯留がないかを，触診で顔をしかめるような強い痛みがないか，または便が触れるかを観察する。食事摂取量と照らし合わせても便量が少なく，腹部不快症状などから便秘状態と判断した場合で，離床するなどの活動量増加が見込めない場合は，痛みがないことを確認したうえで，「の」の字を書く腹部マッサージや，大腸の動きを促進させるツボ押しを行う。または，腹部や背部の温罨法でも，腸の動きを促進させることができる。温罨法は，温度や用具の重さに注意し，皮膚の発赤や痒みなどが生じていないこと

を観察しながら，できる限り長時間継続することが有効である。

便秘を起こす原因として，加齢に伴うものの他に，薬の副作用によるものがある。高齢者は，さまざまな既往症を持っている場合が多く，内服している薬剤の種類も多くなる。降圧剤，パーキンソン病薬，抗うつ薬，頻尿の薬などであり，エンド期において，その薬の内服継続が必要であるかを，看護師は主治医と検討する必要がある。また，がん性疼痛に対して内服している医療用麻薬も，高い頻度で便秘を引き起こす。麻薬を内服している場合は，内服量が徐々に増加してくる可能性があり，便秘が悪化する。この場合は，マッサージや温罨法を行いながら，看護師と医師が相談し，下剤を併用していくことが必要となる。

下痢に対するケア

下痢を引き起こしている要因は，経腸栄養，薬剤性，感染性，吸収不良，などがある。そのうち薬剤性によるものとしては，発熱時などに処方される抗菌薬や，胃薬として用いられる薬（プロトンポンプ阻害薬），痛み止めに使用される非ステロイド性抗炎症薬などが考えられる。また，1，2週間のうちで新たに開始された薬がないかを確認する必要がある。さらに薬剤性には，下剤の過剰投与により下痢を引き起こしている可能性がある。食事摂取量の低下により，便量が低下している状態においても，以前と同量の塩基性または刺激性下剤が投与され続けていれば，下痢を引き起こす。感染性下痢は，ノロウイルスや腸管出血性大腸菌などに感染した場合，重度の下痢となる。日ごろからの施設での感染対策が求められる。吸収不良はとくに脂質の多い食事やおやつなどを摂取した場合に，下痢を引き起こすことがある。

薬剤を把握している医師や看護師，食事やおやつの内容などを把握している介護，栄養士などが協働で，その原因が何であるかを突き止めることが重要である。下痢が続くと脱水状態となり，高齢者の体力は急激に低下する。よって，下痢の改善まで点滴などでの補液も検討が必要である。果汁等の経口での水分摂取は，さらに下痢を悪化させる可能性もあるので，注意が必要である。

便失禁に対するケア

便失禁の原因は，加齢により外肛門括約筋力が低下することで，直腸に便をとどめておくことができずに漏れ出てしまう，または下痢便のために便が漏れやすくなる，さらには，直腸に硬い便が詰まっていて，その隙間から便が流れ出ている嵌入便などがある。

座位を保持できる人であれば，トイレやポータブルトイレなどを利用し，排便を促す。1回でもトイレに座り，排便することができれば，失禁の回数を減らすことができる。便失禁は，本人に不快感を与えるだけでなく，下痢便だった場合には皮膚のただれや衣類の汚染により何度も更衣をするなど，本人と介護者の両者に負担がかかる。皮膚を保護する軟膏の使用や，下痢便対応型のオムツを使用するなどの工夫が必要となる。また，臨死に近づくと本人の意識は混濁し，便失禁が見られるようになるため，注意すべき兆候として

とらえる。そして，臨死期には，腸管の機能低下がすすみ，下痢が続く場合がある。最後までケアチームが一丸となって必要なケアをすることが求められる。

◯ 注・引用文献

(1) かつては，IVH（intravenous hyperalimentation）と呼ばれていた．
(2) 寝たきり高齢者の胃ろう栄養の是非についてはここでは述べないがこの30年の胃ろう栄養のあり方，さらに今後の胃ろう栄養のあり方については多くの学会等で議論され，世論が動き始めている．
(3) 日本学術会議（2008）：対外報告終末期医療のあり方について――亜急性型の終末期について―，日本学術会議臨床医学委員会終末期医療分科会（Available from URL）（http://www.scj.go.jp/ja/info/kohyo/pdf/kohyo-20-t51-2.pdf）.
(4) Bennett, M., Lucas, Viv., Brennan, M., Hughes, A., O'Donnell, V., Wee, B. (2002)：Using antimuscarinic drugs in the management of death rattle：Evidence-based guidelines for palliative care, *Palliative Medicine*, 16, 369-374.
(5) 池永昌之（2007）：看取りの症状緩和パス――気道分泌，緩和医療学，9（3），252-258.
(6) 同前資料．
(7) Payne, R., & Martin, M. (1993)：Defining and classifying skin tears：need for a common language-a critique and revision of the Payne-Martin Classification system for skin tears, *Ostomy Wound Management*, 39(5) 16-20の中で日本創傷オストミー失禁管理学会（2013）が日本語訳．
(8) ケリリン・カービル（2013）：スキンテア――予測・予防・治療のエビデンス，日本創傷・オストミー・失禁管理学会会誌，17（2），55-58.
(9) 難波美貴（2009）：終末期せん妄における家族の体験，日本緩和医療学会ニュースレター，44，1.
(10) ナオミ・フェイル，藤沢嘉勝監訳／篠崎人理，高橋誠一訳（2005）：バリデーション――痴呆症の人々との超コミュニケーション法，5，筒井書房．
(11) 同前書，62-74.
(12) 本田美和子，イヴ・ジネスト，ロゼット・マレスコッティ（2014）：ユマニチュード入門，3，40-41，医学書院．
(13) 日本排尿機能学会・過活動膀胱ガイドライン作成委員会編（2008）：過活動膀胱診療ガイドライン（改訂ダイジェスト版），1，Blackwell Publishing.
(14) 陶山啓子，加藤基子，赤松公子他（2006）：介護施設で生活する高齢者の排便障害の実態とその要因，老年看護学，10（2），34-40.

◯ 参考文献

●第2節
会田薫子（2011）：延命医療と臨床現場――人工呼吸器と胃ろうの医療倫理学，147-227，東京大学出版会．
小坂陽一（2003）：高齢者の経管栄養法に関するアンケート調査，日老医誌，40，172.
萬田緑平（2013）：家に帰ろう――在宅緩和ケア医が見た旅立つ命の軌跡，55，徳間書店．
高瀬義昌（2013）：自宅で安らかな最期を迎える方法――本人も家族も満たされる在宅平穏死，73，WAVE出版．

●第6節
日本看護協会認定看護師制度委員会創傷ケア基準検討会編著（2002）：スキンケアガイダンス創傷ケア基準シリーズ3，159-163，日本看護協会出版会．

ケリリン・カービル,真田弘美（2013）:いま注目されている! 高齢者のスキンテアとアセスメントの方法 対談 ケリリン・カービル先生×真田弘美先生,エキスパートナース,29（11）,84-89.

松原康美,蘆野吉和（2007）:がん患者の創傷管理 症状緩和ケアの実践,70-77,照林社.

日本在宅褥瘡創傷ケア推進協会編（2011）:新床ずれケアナビ 在宅・介護施設における褥瘡対策実践ガイド,103-124,日本在宅褥瘡創傷ケア推進協会.

◯ 読者のための参考図書

大塚宣夫（2013）:人生の最期は自分で決める——60代から考える最期のかたち,ダイヤモンド社.
　——長年,高齢者医療・慢性期医療に関わってきた執筆者がとらえた,自身が高齢になってからのエンド期の考え方が大変参考になる。マイケアプランなどの考え方に通じるが,経験に基づく表現が多い。

萬田緑平（2013）:家に帰ろう——在宅緩和ケア医が見た旅立つ命の軌跡,徳間書店.
　——長く外科医として攻めの医療をしてきた執筆者が亡くなる患者から感じた「これで良いのか」という思いと過去への後悔,臨床医ならではの視点で在宅死を優しくわかりやすく示している。

第6章
施設エンドオブライフ・ケアに用いる薬剤

本章で学ぶこと
- □ エンド期によく用いられる薬剤名，作用，使用方法について知る。
- □ それらの薬剤の副作用について知る。

---

1 施設における使用頻度の高い薬剤と使用方法

　施設においてエンドオブライフだから取り立てて使用するという薬剤は見当たらない。むしろ日頃の内服薬の量や薬の形の見直しなどが必要になる。何かをする医療ではなく，苦しいことはできるだけ行わない，正常値にこだわらないケアが必要である。

□ **必要な薬を見極める**
　全身状態が悪化し，エンド期になると心機能や腎機能，呼吸の機能などさまざまな臓器の働きが低下する。また，水分や栄養の摂取量も低下するために体重も減ってくる。これまで内服していた薬の減量，種類を減らすことが肝要である。食べられなくなり，脱水が進んでくればやがて嚥下もできなくなる。心肺機能に直接影響を与えにくい薬から減量するといい。また，飲めない時には思い切って中止する勇気も必要である。飲んでいた薬をやめることは見放すことでも見殺すことでもない。むしろ薬の効き目よりも副作用が多く出るような状況であれば自然に近い形で自分の体のバランスをとれるよう支援することも大切であろう。亡くなる直前の投薬効果などに明確なエビデンス（根拠）はみられない。超高齢社会における日本では，むしろ多くのナラティブを蓄積し薬剤使用を考えることが求められている。
　エンド期になり，脱水が進んできた時には心肺に関わる薬であってもこれまでと同様の降圧薬や利尿薬は不要になることも多い。施設ケアでは，ましてエンドオブライフ・ケア（以下，エンド・ケア）では頻回な血液検査は行わない。脱水が進行すればさまざまな血液データは異常値を示す。それに一つひとつ対応することは，これまでの医療と変わらない多くの薬や痛みを伴う検査を医療者の満足のために行うことになるかもしれない。それは，

表6-1 使用頻度の高い薬剤の例

一般名	薬効分類
酸化マグネシウム	便秘の薬
アムロジピンベシル酸塩	降圧薬
フロセミド	利尿薬
ワルファリンカリウム	抗凝固薬
ランソプラゾール	胃の薬
エナラプリルマレイン酸塩	降圧薬
ファモチジン	胃の薬
テルミサルタン	降圧薬
クロピドグレル硫酸塩	抗凝固薬
センノシド	便秘の薬
ドネペジル塩酸塩	アルツハイマーの薬
レバミピド	胃の薬
メマンチン塩酸塩	アルツハイマーの薬
酪酸菌製剤	胃の薬
抑肝散	気持ちをしずめる薬
クエン酸第一鉄ナトリウム	鉄剤
レボチロキシンナトリウム	甲状腺ホルモン剤
クエチアピンフマル酸塩	抗精神薬
ゾルピデム酒石酸塩	入眠剤
アスピリン	抗凝固薬

決して戻ることのない値を正常なデータを戻すような治療になってしまう。浮腫や褥瘡のないきれいな体で苦痛の表情なく亡くなれるよう生き抜く支援をする。これは難しいことかもしれないが，これまでのただ長く生きればよいといった日本の医療の文化を再考する勇気が必要なのである。

出番の多い薬

その中でもやはり使用頻度の高い薬剤の例を表6-1に示す。とくに排泄のコントロールは慎重に見ていく必要がある。血圧が下がり，これまで内服していた降圧薬や利尿薬をいったん中止していても，低たんぱく血症や心不全によって浮腫や喘鳴がみられるようになれば一時的に排尿を促す利尿薬などは効果的である。

「昨日は食べていた」人が「今日は食べられない」けれども「明日は食べられるかもしれない」と本人の食に変動があるケースがある。この場合，今日のみは水分を投与すると判断し点滴を行うことがある。この場合，水分は人工的に体に入ってくるので自分の力でその水分を処理しきれないというアンバランスが生じてくる。その時には薬剤によって利尿を図る必要がある。そのため治療が真逆に見えるが少量の点滴に少量の利尿薬を使って心不全を予防することがある。

排便のコントロールも注意してほしい。食べていないので便の量が減り，排便の頻度も減ってくる。しかし，硬便が肛門にあるとその後自然の排便が促されても便塞栓症となり排泄できない。本人は腹圧を掛けられない体力となり人工的に便を取り出す必要も出てく

る。便が何日見られないのかを観察し、座薬で排便を促す、少量の浣腸を行うなどの処置をする。

◻ 内服薬から貼付薬などへの切り替え

脱水や嚥下障害が進んでくると、内服薬を飲むことが困難になってくる。飲みにくい剤形を減量や中止するが、薬効がどうしても必要だというものもある。慢性気管支炎等で長く気管支拡張剤を内服しているケースなどでは呼吸不全も徐々にみられるようになり、薬が必要になる。そういった場合には内服ができなくても貼付薬の気管支拡張薬を使う。

狭心症や高血圧に対しても貼付薬の血管拡張薬を使い、症状の緩和をすることがある。

エンド・ケアでは経過の中で頻回に投与量や投薬内容を見直すことが重要である。

◻ 持続皮下点滴について

エンド・ケアや在宅での高齢者・認知症の脱水に対する持続皮下点滴が注目されている。あくまでも積極的に推奨するということではなく方法の一つとして紹介したい。[1]

持続皮下点滴は、皮下の余裕のある部位に生理食塩水や低張の輸液を長時間かけて投与する。図5-3（前出）のように皮膚をつまみ、24Gのサーフロー針を刺入する。[2] 1時間に20mlから75ml、あるいは500mlを24時間くらいかけて投与すると痛みなどの負担が少ないとされている。中心静脈栄養法、末梢静脈栄養法と比べると安価であり、痛みや目に見える腫れなどから高齢者の心不全・肺水腫を引き起こす過剰輸液や急速輸液をきたしにくい。また、血管に挿入されないため自己抜去などがあっても水分が漏れるだけで出血しない。このような点から高齢者や在宅医療では実施されるようになった。

❷ 薬剤使用における副作用の観察、ケア

◻ 副作用を知る

エンド・ケアでは治す医療ではなく癒すケアに主眼が置かれる。したがって内服薬も飲める状況か否か、どのくらいの量ならば飲めるのか、またかえって状態を悪くしていないかなどの副作用にも注目する。

エンド・ケアのステージでは必要以上に点滴などを行わなくても構わないと前述した。まったく点滴をしないという選択肢もある。そのような状況において身体は徐々に乾いていくので、以前は必要だった利尿剤も不要になることも多い。摂取量が少ないから尿の量が減ってくるが、尿が出ないから利尿剤を投与するという短絡的な考え方では腎不全をかえって悪化させてしまう。

81

☐ 体調が悪くなると効きすぎる薬

　体調が悪くなり，摂食量が減ったり，体内の代謝が変化するとエンド・ケアの状態にあっても副作用が見られずにきていたものが一気にその様態を変えることがある。睡眠薬や向精神薬などで傾眠が見られたり，呼吸の抑制が見られることや，ワーファリンを内服していると急激に凝固系のバランスが崩れ，出血しやすい状態になったりする。日頃の様子として観察してほしいのは，以下の点などである。

① 血圧や脈拍数などのバイタルサインから「いつもと違う」ことに気付く
② 皮膚の様子や張りなどから出血傾向や脱水，褥瘡のチェック
③ 排泄の様子から脱水や便秘などのチェック
④ 食欲から体調のみならずメンタル面の低下がないかのチェック
⑤ 食欲がない場合には口内炎などができていることも多いので広く身体を見る

☐ 医師との連携を取っておく

　エンド・ケアでは徐々に状態が低下していくなかで，急激に低下することもある。その際に慌てないようにあらかじめ医師と連携を取り，内服薬として飲ませてほしいものや，無理に飲ませなくてもよいと判断されるものを確認しておくとその時のスタッフは心細くなく対応できるだろう。

　薬剤使用を考える時，本来のエンド・ケアの目的「苦痛の少ないケア」「悔いのないケア」そういった方針からぶれないことが重要である。他の章でも書かれているが，ケアをする側は本人と家族が「これでよかった」と思えるケアを実施してほしい。薬を使っておけばよかったのではないか，こうすればよかったのではないかと家族もケアする側も振り返ることもある。しかしながら起こりうることや湧き起こる気持ちを想定して，共有して，共に解決する。薬の副作用に限らずそこにチームとして取り組めればより良いエンド・ケアとなる。

◯ 注・引用文献

(1) Sasson, M., M. D., Shvartzman, P., M. D. (2001)：Hypodermoclysis：An Alternative Infusion Technique, *Am Fam Physician,* 64（9），1575-1579.
(2) 日本医師会監修（2010）：がん緩和ケアガイドブック，86-87，青海社.

◯ 参考文献

日本医師会監修（2010）：がん緩和ケアガイドブック，青海社.

第7章
心理・精神的ケアとデスマネジメント

本章で学ぶこと
- □ 死に関する知識を深めデスマネジメントについて知る。
- □ スピリチュアルケアについて知る。
- □ グリーフケアについて知る。

1 デスマネジメント

死とはなにか

　死は命がなくなること，生命が存在しなくなることである。生きているものは必ず死ぬ。それがわかっていても，なお人は死を恐れる。死ぬとすべてを失う。今まで集めた物もお金も名誉も，そして，思い出までもすべてが奪われる。死ぬと体も心も存在自体がなくなり，もう動くことも見ることも，最愛の人と会うこともできない。そのために，多くの人は死を恐れ，死を宣告された人は絶望感に襲われる。

　伝統的に命は息と強く結びつけられてきたため，息がなくなった状態を死と判断された。しかし，人工呼吸器が登場し，自分の力で呼吸ができなくなった状態でも，人工的に呼吸している場合，死とはみなされない。医療で用いられる「死の三兆候」は，①自発呼吸の停止に加えて，②心拍の停止，③瞳孔が開くこととされ，それをふまえて医師が死亡確認すれば，死亡宣告がなされ，診断書が書かれてきた。

　死亡後は，通常お通夜，告別式，火葬が行われる。そして，死後の体は灰になり，その骨は墓に入れられる。昔の人は土葬をし，いつかは生き返ることを信じ，財宝などを副葬品として埋めていた。しかし現在の人は死体は決して生き返らないことを知っている。そのため，人々の死への恐れは強いものがある。

死にゆく人の心理過程

　精神科医のキューブラー＝ロス（Kübler-Ross, E.）は200人を超える死にゆく患者のインタビューを行い，心理過程をまとめた（表7-1）。これを見ると，人はすぐには死を受容

表7-1　キューブラー＝ロスの死にゆく患者の心理過程と発言

第一段階 「否認と隔離」	第二段階 「怒り」	第三段階 「取引」	第四段階 「抑うつ」	第五段階 「受容」
「何かの間違いだ」，「こんなことは起こりえない」「私が死ぬなんてありえない」	「なぜ，自分がこんな目にあうのか」，「私がいったい何をしたというのか」	「人の役に立つことをするから，死を避けてほしい」，「もう悪いことをしないから，死だけは勘弁してほしい」	「もうどうしようもない」，「なにも考えられない」と落ち込む日が続く。不眠や食欲不振が続く。	「死ぬんだね」ゆっくりとした平安な気持ちになる。 「ありがとう」と感謝の意を示す。

出所：E・キューブラー＝ロス／川口正吉訳（1996）：死ぬ瞬間，4，読売新聞社をもとに，筆者が発言を加え表作成．

できないことがわかる。私たちはエンド期にある人がどこの心理段階にいるのか，アセスメントし，ケアを行う。

しかしながら，必ずしも，すべての人が，「キューブラー＝ロスの死にゆく患者の心理過程」をたどるとはかぎらない。「あと余命3か月でしょう」と死の宣告を受けた者のなかには，恐怖に耐え切れず，動揺し，泣きわめいたり，うつ病になる者や自殺する者もいる。反面，「これで迷うこともない。後片付けをする決心がついた」と穏やかに言う者，大病を患っている高齢者の中には，「これで楽になれる。やっと，あの世に行ける」とほっとする者もいる。また，見た目は冷静でも，「人に迷惑をかけられない」と自分の感情を隠す者もいるので，外見と内面の心の状態を継続して観察していく必要がある。

施設に入所している高齢者は，あえて死について多くを語らないが，少なからず死が近いことを意識している。「私はもうすぐ死ぬような気がする」と語っても，若い職員は，「そんなことはないですよ」と言ってしまうことがよくある。それは，職員にとって死はタブーなもの，避けたいものという意識があるためである。とくに核家族で育ち，身内の死に遭遇したことのない者は死をイメージすることが難しい。

反面，高齢者は祖父母や親，兄弟，配偶者，友人等の死を間近に見てきていることが多い。そして，人生の折り返しを過ぎ，自分もまた死ぬ年齢に差し掛かっていることを自然に悟っている。「死の話をして，職員や家族に迷惑をかけられない」「こんなこと言っても仕方ない」と思っていることが多い。私たちは，高齢者の死に対する気持ちに関心をよせ，わずかに発せられる声に耳を傾ける姿勢を持つことが大事である。

◻ デスマネジメントに必要な要素と死への準備教育

デスマネジメントとは，「死にゆく人と家族が死を受容できるようになるまでのプロセスをマネジメントすること(1)」である。マネジメントに必要な要素は，①「エンド期にある人の今後の病状や経過の理解を助ける」，②「施設で最期を迎える本人と家族の意思の確認」，③「病状悪化や死に対する恐怖や不安をサポート」，④「病名告知と延命処置の希望確認」，⑤「看取りの場の確認」，⑥「本人と家族のメッセージの表出を助け伝達する」がある。これらを意識して調整しケアを実施する。

死に対する教育はわが国では遅れている。デーケン（Deeken, A.）は，教育の重要性を

唱えており，死のさまざまな解釈や哲学，死にまつわるタブーを取り除くことなどを目標にして教育を展開している。施設でも死への教育を職員に行っていくことが求められる。

2 スピリチュアルペインとケア

❑ スピリチュアルペインとは

医療現場にスピリチュアルペインが用いられるようになったのは，近代ホスピスの創始者ソンダース（Saunders, C.）が全人的苦痛の概念の中で，スピリチュアルペインという言葉を使ったことに始まる。ソンダースは，「多くの患者は自責の念，罪の感情をもち，自分自身の存在に価値がなくなったと感じ，時には深い苦悶の中にいる。このことが真に'スピリチュアルな痛み'と呼ぶべきものとなり，それに対処するための助けを必要としている」と説いている。(2)

WHOでは，「スピリチュアルとは，人間として生きる経験的一側面であり，身体感覚的な現象を超越した体験を表わしている。人間にとって『生きること』がもつスピリチュアルな側面には宗教的な因子が含まれているが，スピリチュアルは『宗教的』と同じ意味ではない。スピリチュアルは，人間の『生』全体像を構成する一因子として，生きている意味や目的についての関心や懸念と関わっている場合が多い。とくに，人生の終末に際して自らを許すことや他の人々との和解，価値の確認等と関連していることが多い」と定義している。(3)「ペイン」とは，人間の究極的で根源的な心の叫び，問いかけ，渇き，ニーズ，の意味に近いとされる。

スピリチュアルペインは，誰もが持ち合わせている人間としての本質的な苦悩を指し，生きている意味，死についての意味を探求する，心の癒しや希望を求める叫びとしてとらえられる。

わが国で用いられるスピリチュアルペインの3つの概念は以下である。

① 恒藤暁によると，日本人のスピリチュアルペインを(1)人生の意味への問い，(2)価値体系の変化，(3)苦難への問い，(4)罪悪感，(5)神の存在への追及，(6)死後の問題―に分類している。(4)

② 窪寺俊之によるスピリチュアルペインとは，人生を支えていた生きる意味や目的が，死や病の接近によって脅かされて経験する，全存在的苦痛としている。(5)

③ 村田久行によるスピリチュアルペインとは，「自己の存在と意味の消滅から生ずる苦痛」とし，その構造は時間存在・関係存在・自律存在を人間の存在構造の破綻と分析している。(6)

❑ スピリチュアルケアとは

スピリチュアルケアは，人生の振り返り（ライフレビュー）を通して，信仰や未解決の

問題, 利用者の将来や希望などを総合的にアセスメント(7)することからはじまる。
① 人間関係に関する問い：家族・友人との関係, 心の支えになっている人は誰か
② 宗教, 思想に関する問い：心の慰めや拠り所となっている思想, 考え, 宗教など
③ 趣味に関する問い：楽しみや喜びがもてる趣味, ペットのことなど
④ 社会活動に関する問い：仕事の経験, ボランティア活動など
⑤ 意味ある事：思い出の音楽, 心に残る場所, 感化を与えた本
⑥ 特別な人生経験に関する問い：死別, 別離, 病気, 事故, などが与えた影響

スピリチュアルケアのポイントは, 以下の5点となる。
① その人が生きてきた人生を再認識するように関わる
② 心理的葛藤を少なくするように問題の整理を一緒に行う
③ 心の思いや苦悩を傾聴する
④ 死にまつわる話題を共有する
⑤ 希望や生きがいを見守り, 支える

本人の心にどれほどの関心と温かい気持ちを注げるかがより重要な意味を持つ。ライフレビューを通して, 人生の意味の再発見, 希望を持って旅立ちたい, 注目に値する経験などを話題にできるよう対応する。

エンドオブライフ・ケア（以下, エンド・ケア）は, 全人的な安寧に関心をもつことであり, スピリチュアルケアの中に包括されなければならない。その人が唯一の個人として, 人生の最後をどのように迎えようとしているのか, 耳を傾けること, 共有すること, 理解しようとすることを通して寄り添うことである。そして, 死にゆく人々のもつ「自分は今, 生を終えようとしている, 自分にとって人生の意味は」と自分自身に問いをしている人と共に在ることである。

3 人生統合に向けたライフレビュー

高齢者の発達課題は人生の統合である。今までのいろいろな出来事や経験等すべてを受け入れ, 自分の人生をまとめる課題をもつ。その課題を克服するために役立つのがライフレビューである。自分の人生を回想し, 物語を語ることで, 人生を整理することができる。

ライフレビューは本人や家族に対して行い, エンド期に主軸とする価値観をアセスメントし, 発見する。その手法として,「○○さんは, どんな人生を歩んでいらしたのですか？」「一番の思い出はどんなことですか？」「大切にしたいものは何ですか？」となにげない会話から徐々に引き出していく。一般に高齢者は過去の体験を話すことを好む。過去が語られたら, 次にその意味について確認していく。「その出来事は○○さんにとって人生を大きく変えることだったんですね」「そこで得られたことは今の○○さんの大切な価値になっているんですね」と声をかける。一部には封印した過去をもち, 語らない者もい

るが，相手が信頼できれば，徐々に心を開き，語りはじめる。それが，人生統合につながっていく。死を受け入れるためには，自分の嫌な過去や苦悩の体験をも意味があると受け入れ，統合しなければ実現できない。

ライフレビューは入所時からじっくりと行う。本人の意識が明瞭で，発語が可能な段階であれば，大切にしている価値観や意思が職員には理解しやすい。理解できれば，それを基軸にその人に合ったケアが明確となり，今後急変しても慌てることが少ない。レビューした内容は単に聞き流すのではなく，きちんと記録に留める。

4 死別後のグリーフケア

☐ グリーフケアの意義

グリーフケアとは，大切な人が亡くなり，残された家族（遺族）がその悲嘆（grief）から立ち直り，再び日常生活に適応していくことを支援することである。死に遭遇した家族は，大切な人を失った喪失感から，さまざまな感情を抱く。介護の役目を十分果たせなかったのではないか，故人にとって最善の看取り方であったのか，病院へ入院した方がよかったか，家に連れて帰ってあげればよかったか等，悔いが全くないという方は少ない。

☐ グリーフケアの目的

エンド・ケア開始から死まで経過が長かった家族でも，急に死に直面した家族であっても，その利用者との関係は，それぞれの家族によって異なる。いずれにしても，死別後は，家族にとって亡くなった人はどのような存在であったのか，どのような思い出があったのかを自由に，話したい時に話せる場があることが大切である。家族は，第三者の専門職からその労をねぎらう言葉をうけることにより，自分の努力を肯定的に評価できる。そして，職員はその流れの中で，ケアの専門職として，エンド・ケアをやってよかったという充実感を得る。

家族は大切な人を失った悲しみの一方で，介護生活の終結を体験する。しかし，家族は長年の介護という大変な務めをやり遂げたにもかかわらず，過去の自身の介護を顧みて，未熟であったと悔いて自責の念を持つこともある。また，配偶者を看取った高齢介護者にとって残されたという孤独感は大きい。配偶者との死別は，二人の生活の終結と同時に，ひとりぼっちになったことを思い知らされる。筆者の施設では職員は，家族とともにエンド・ケアだけでなく，自宅に帰宅された後も続く家族の揺れ動く思いや悲しみ・寂しさに寄り添うために，後日自宅訪問を行っている。

☐ グリーフケアの実際

筆者の施設では自宅訪問は，死後平均1か月以内に伺うようにしている。家族によって

は，葬儀に参加しその後ゆっくり話を聞くこともある。訪問メンバーは，施設で関わったスタッフ1名から2名と，担当していた支援相談員1名である。時には関連事業所の訪問看護師，ケアマネジャーと数名で訪問することもある。事前に電話で日時を約束し，平均1時間程度の訪問となる。訪問時には花を持参し仏壇に線香をあげ手を合わせ，故人のお悔やみを行う。そのあと遺族の言葉にゆっくり傾聴しながら次のような会話を行う。

① 共にケアさせていただいた事への感謝

当施設で人生最後の大切な時期を，家族と共にケアさせていただいた事へのお礼と当施設を最期の場所に選んでいただいた感謝を伝える。

② 家族へのねぎらい

長い間介護された家族へのねぎらいと，できるだけのことをされた家族を認め具体的な言葉でねぎらう。このことはこれから襲ってくる後悔の念や悲嘆を軽減する。

③ 生前の思い出話をする

施設からは，日頃本人が家族に対しどのように思っていたか，家族のことをどんなに愛していたか，その時の言動や表情などを細かく伝える。また，他の利用者・職員らとどのように過ごしていたか，決して孤独ではなかったことを伝える。家族には元気だった頃どのように生活していたか，輝いていた頃家族と過ごした楽しい日々などを語ってもらうことで，気持ちの整理をつけてもらう。

◻ グリーフケアの評価

最後に施設での看取りを経験して今思うことなども尋ねる。家族によっては初めての経験でもありその時は思い当たらなくても，冷静になると，施設に対してこうしてほしかったなどの前向きな意見も出る。ほとんどが家に近い環境や馴染みの職員などに対する満足感や医師，看護介護，多職種などに支えられたことなどへの感謝が多い。しかし時にはスタッフの未熟さや過度の連絡により，家族をより不安にさせてしまったことなども聞き，今後の課題があることにも気づかされる。

◻ グリーフケアの効果

今までの介護を理解してくれたこと，ねぎらいの言葉を受けて自分たちのできることを精いっぱいやった，故人の望みをかなえることができた，ゆっくり寄り添えた時間が作れた，病院ではなく施設でよかった，など介護の達成感を感じながら悲嘆から徐々に回復していく様子がうかがえる。これらはグリーフケアの効果といえる。

◯ 注・引用文献

(1) 島内節,薬袋淳子,中谷久恵他(2008):在宅エンド・オブ・ライフケア(終末期ケア),99,イニシア.

(2) Saunders, C. (1998):*Oxford Textbook of Palliative Medicine*, 71, Oxford University Press.

(3) 世界保健機関編/武田文和訳(1993):がんの痛みからの解放とパリアティブケア,49-51,金原出版.

(4) 恒藤暁(1999):最新緩和医療学,227-239,最新医学社.

(5) 窪寺俊之(2000):スピリチュアルケア入門,12-15,三輪書店.

(6) 村田久行(2002):臨床に活かすスピリチュアルケアの実際2,ターミナルケア,12(6)(5),423.

(7) 沼野尚美(2010):一般病棟でできる緩和ケアQ&A,178-181,総合医学社.

第8章
家族・親族が抱える問題とケア

本章で学ぶこと
- □ 施設でのエンドオブライフ・ケアにおける家族等の役割について理解する。
- □ エンド期を迎えている家族へのケアについて知る。

---

1 施設でエンドオブライフ・ケアを迎えるための家族の役割・意見統一と調整

□ 家族による代理決定への支援の必要性

　近年では施設で最期を迎えたいという高齢者や，元気なころから家族に最期の時はこうしてほしいなどと話している高齢者も多い。

　しかし家族にとって，本人のエンド期の代理決定は，動揺や重圧感や緊張を伴う役割となる。医師から予測できる死を前に，施設から病院へ移り積極的な治療を望むか，なじみのある施設において苦痛のない穏やかなエンドオブライフ・ケア（以下，エンド・ケア）を望むか選択肢が提示される。家族にとって極めて重要な決断を迫られる。

　家族の意見の違いなどにより，一度決定した方針が変更されることもある。私たちケアの提供者は，その時々の家族の心理に寄り添い，エンド期の高齢者を抱えた家族の心理は，エンド・ケアの方針決定後も揺れ動くことを十分に考えなければならない。筆者の施設では家族への説明として看取りの方針が「いつでも変更できる」ということを伝えている。また家族の心身の疲れに対して気遣い，利用者の状態変化に合わせて，家族へ休憩を取るように助言を行う。反面，家族が少しでも後悔しないように，いつでもケアに関われるよう配慮している。家族が他の利用者に気兼ねなく面会できるような環境を作り，本人との残りの時間を有意義に過ごしてもらう。死が近くなった時には家族の希望で付き添うこともできる。

　家族に対する具体的な援助には以下のようなものがある。
① エンド・ケアに関する情報をわかりやすく丁寧に提供する。
② 家族がエンド・ケアをどう受け入れるかを観察する。
③ 家族と本人とのこれまでの生活歴や家族関係を手がかりにして，本人の望む死につ

いて，共に検討する。
　④　家族が望んでいるエンド・ケアについて，何がどの程度まで実現可能であるか，話し合い，家族の合意を得る。
　⑤　家族が意思決定をした後も，揺れる気持ちを支える。
　エンド・ケアを選択しても常に迷いがあるのは当然であり，家族の中でも意見を統一できないのも無理もない。かけがえのない家族を思う気持ちから迷うのであり，誰の意見も正しいことを伝える。参考事例や医師からの説明を希望に応じて何度でも行う。そのようなとき多くの家族は自分たちでは決められない，どうしたらよいかなどを医師や職員に相談するであろう。施設では多職種と家族の話し合いも行い，その人らしさを大切にその人にとっての最善を考えるように勧め，代理決定できるように支援する。

☐ 家族の代理決定への支援

　家族の決定までの悩みは「経験がないため看取りの場面をイメージできない」「看取りに関する情報が不十分」「看取りに関する希望と現実が折り合わない」「決定後の不確かさ」「家族関係による意見の相違」などの困難を抱えている[1]。
　家族の決定を助ける支援には以下のようなものがある。
　①　本人に残された時間をどう過ごしてもらいたいのか，何を望んでいるのか本人の真の声を知ること，知ろうとすること。
　②　本人・家族の思いと医師の考えは一致しているのか確認する。
　③　専門職や介護職の話し合いに家族も取り込む。
　④　家族の生活を継続させながらも，できる限り面会において本人と一緒に過ごせる時間をつくる。
　⑤　言葉はかわせなくなってもそばにいることや少しでもスキンシップ（手をにぎる，顔をふく，髪を整える）を行う。
　⑥　意識がなくなっても耳元で声をかける。
　⑦　エンド・ケアの方針がいつでも変更できるという信頼関係を作る。
　⑧　死と向き合う本人の精神的サポートを行う。
　⑨　本人の人生の最後に，本人が望むことを可能な限り叶える。
　⑩　人生の思い出を共に語り合い，懐かしむ。
　家族間で意見が一致していない時の関わり方には以下のようなものがある。
　①　家族間で十分時間をかけて話し合うよう伝える。
　②　本人を大切に思うことは同じでも，個人の考え方はさまざまである。そのことを踏まえ，誰の意見も正しいことを告げ，その中で意見を統一するよう助言する。
　③　家族によって病気に対する情報量や理解の程度に差があるため，正しい判断ができるように，十分な情報を伝える。
　④　いつでも看取りの方針の変更ができることを伝える。

2 施設でエンドオブライフ・ケアを迎える家族の相談

　2008（平成20）年の診療報酬改定において「終末期相談支援料」が制定されたが，利用者や家族に与える印象が悪く，3か月で凍結されてしまった[(2)]。エンド期においては，専門職が治療方針を決めるのでなく，患者（利用者）・家族の意思が表出できそれが反映されるように，職員と話し合いの場を設けることが大切になる。エンド期を施設で迎える本人・家族の心は揺れ動き，悩むことが多々ある。その都度，相談の機会を設けることが必要である。

◻ 面会について

　エンドオブライフ・ケア（以下，エンド・ケア）開始期に相談が多いのが「面会」についてである。「いつ，どのように，どんな人数でどれくらいの頻度で来たらいいのか，どれくらい施設で過ごせばいいのか？」ということを聞かれる。家族における本人に対する思いはさまざまである。「毎日，来たい」「ずっと，寄り添いたい」と思う家族もいれば，「自分の家庭や仕事のことを考えると，毎日面会は来られない」という人もいる。残りわずかな利用者の人生を考えると，「毎日来てください，ずっといてください」と言いたくなってしまうが，過度の負担をかけ，体調を崩すようなことがあってはいけない，などと家族の立場で考えることも大切になる。

　この場合の大事なキーワードは，「できる範囲でかまわない」ということである。それを，家族に伝える。エンド・ケアを迎える利用者本人，家族の事情はさまざまであり，家族の事情に施設側職員が過度に口を出すことは控える。だから，「できる範囲」と回答する。

◻ キーパーソンとそれ以外の家族との調整

　相談をうける上で困難を極めるのは，キーパーソンとそれ以外の家族との意向が食い違っているケースである。この食い違いは，遺産相続などの問題に発展する可能性を秘めている。たとえば，本人・同居家族間において無駄な医療処置は行わないと合意が得られていても，遠方の家族が「点滴をしてほしい」「管を入れて栄養をとれるようにしてほしい」などと，延命治療を望むことがある。また，疎遠で介護協力などしてこなかった親族がエンド期になった途端，家族に割り込んできて仕切りなおし，一方的に決めてしまうこともある。

　親族が少ない場合，再度相談の機会を設定することで早めに解決できることも多い。しかし，大勢の親族が家族を巻き込むケースは，キーパーソンとなる家族と親族との間で話し合うことを勧めるほうがよい。ここで重要なことは，職員が仕切るのではなく，利用者

の気持ち，願いを第一のものとしながら自分たちで話し合い，決着がつくように調整し，利用者本人のエンド・ケアに支障が起きないように支援する姿勢である。

◻ エンドオブライフ・ケアの場所

施設でのエンド・ケアが開始されたとしても，自宅で最期を迎えたいとの要望は，筆者自身は施設職員としてうれしい相談として受け止めている。この相談を受けたときは，残された時間が短い方もいるため，自宅に戻る時期を十分に，かつ，スピーディに決めなければならない。タイミングを逃さないよう相談員はプレッシャーを感じつつ，自宅でのエンド・ケア体制や療養環境を調整する。

ケアマネジャーをはじめ，主治医，各種介護保険サービス事業所を決定し，すぐに連携をとり，安心して自宅でのエンド・ケアに取り組めるよう行動する。施設から自宅にエンド・ケアをつなげるコツは2点ある。

1つ目は，すばやく正確な利用者の情報を伝えること，すなわち相談員が自分の施設にいる各職種から情報を集め，自宅におけるエンド・ケアの担い手にバトンタッチすることである。

2つ目は自宅療養を決めた介護者となる家族であっても，小休止できるようショートステイとして施設を確保し，いつでも利用できることをケアマネジャーから家族に情報提供しておくことである。このことで，自宅療養をがんばる家族のレスパイト（休息）支援が実現できる。自宅で看取るというこれまでに経験したことのないことの，家族の期待と不安，がんばりと負担は大きく，自宅で自分たちだけで悩まないよう，限界を感じた時にいつでも受け入れできる体制を整える。そのことで，施設から在宅エンド・ケアを促すことができる。施設の職員は施設内のことだけを考えるのではなく，利用者の人生の価値が高まり，家族にとっても良かったと思える人生最後の演出のために，最善を尽くすことが大切なのである。

◻ 死後の対応

「死亡後，どうすればよいか」について相談を受けたことがあった。遠方の家族から「遠いため，火葬してもらい，お骨を持ち帰りたい」と依頼を受けた。今までは，死後，家族が葬儀業者へ連絡し，ご遺体を連れて施設をあとにするという形しか経験してこなかった筆者にとっては驚きであった。葬儀業者へ初めて連絡し，経緯を説明すると，約20万円で火葬までセットになった商品があるということがわかった。すでに経験された方なら既知のことであると思うが，当時20歳代だった筆者にとって驚くべきものであった。

葬儀業者と相談していく中で一点確認依頼を受けたのが，枕経（死後すぐにお経をあげる）をどうするかというものである。宗派によっては行わない場合もあるが，施主から菩提寺に確認してほしいとの依頼を受けた。葬儀業者の話では，遠方の場合，菩提寺から近隣の菩提寺と同じ宗派のお寺に依頼することが多いそうである。相談員として，葬儀の方法や，宗教等の文化や知識についても熟知する必要があると感じた。

3 家族の悲しみや負担感に対するケアの事例

☐ 本人が最期まで食べることを望んだ家族への援助

① 事例の概要

Kさん，男性，80歳台後半。施設でのエンド・ケアを受けた期間は約2か月半である。既往歴は高血圧症，胆石症，糖尿病，脳梗塞で，その後，肺炎を併発してはなんとか一命を取り留めるということを繰り返す。徐々に肺機能も低下し，食事は誤嚥のため，経口摂取不可と病院の医師に判断され，胃管カテーテル挿入，経管栄養となる。

② エンドオブライフ・ケアまでの経過

本人は，経口摂取をあきらめきれず，家族もその気持ちに沿い，嚥下リハビリテーションを受けさせたいという思いが強く，当施設（老健）への入所を希望された。誤嚥性肺炎のリスクが高いため，入所当初より看護師も介入した。家族へは，リハビリにより改善が見られる場合と，改善が見られない場合があること，最悪，誤嚥により生命の危険性もあると説明すると，「最悪の場合も考えなければならないのですね」と覚悟は決められたようであった。

嚥下リハビリを行い，病院でVF検査（嚥下造影検査）を行うが，結果は誤嚥しており，経口からの摂取は禁止となる。本人は落胆し，活気がなくなり，うつ症状と認知機能の低下がみられた。また，発熱があり，肺炎併発と肺自体の機能も顕著に低下した。その後，胃ろう造設が施行されたが，ADLがさらに低下し，体重の減少，全身状態の悪化がみられた。以前は自力排痰も可能だったがそれもできない状態になっていた。治療の見込みがないことを悟った家族であったが，医師による説明で，家族は病院でなく，当施設でのエンド・ケアを希望された。

③ 自分たちで決めても揺れ動く家族の心

施設でのケアを選択するにあたって家族は，自分たちの判断は正しかったのか，本人はどう思っているのか，最先端の治療をしなかったため本人に苦しみを与えていないかの不安を抱えていた。看護師は，施設を選択したことは間違っていないこと，施設では最善のケアを行うことを自信をもって伝えた。また，施設では治療よりは普段の生活を重視すること，施設に入所しても入院や自宅療養などケアの場所はいつでも変えられること，希望があれば医師やすべてのスタッフと何度でも話し合う時間を作れることを伝えた。

大切なのは揺れ動く家族に共鳴しながらも，利用者には最後までその人らしさが実現できること，家族には後悔させないという軸はずれないように心がけた。長女は，毎晩仕事が終わると本人の所に来棟し，ベッドサイドで話をしたり，添い寝をしたりしながら面会時間いっぱいまで本人と会話をされていた。しかし，時には，部屋の外で泣かれることもあった。そんな時には，職員はさりげなく長女の背中をさする。職員は家族が来棟した際

に，家族の表には出せない不安や悲しみを受け止めるさりげない行為を通じて，家族に，看取りに対しての勇気と力を授ける。そして，毎日口腔ケアを行い，時には口を潤すほどの少量の水を，長女と一緒に口の中に入れ，本人の表情を見守った。その後，本人は安らかに息を引き取り，家族も穏やかな態度でそれを見守られた。

◻ 大家族のそれぞれの人たちへの援助
① 事例の概要
　Sさん，女性，90歳台前半。施設入所約半年間。既往歴に，変形性膝関節症，急性胃腸炎，胸椎圧迫骨折，脳梗塞（麻痺なし・嚥下障害），認知症，総胆管結石・胆嚢炎・胆嚢結石，肺炎と多くの病気をされていた。老健入所当時は胃管カテーテル挿入の状態であったが，リハビリテーションにより，経口摂取が可能となった。その後約2年間，当施設を利用しながら自宅での生活をしていた。家族構成は長男夫婦と三人暮らし。近くにいる，次男，三男，長女の4人の子とその孫たちが，日頃からよく顔を見せていた。

② エンドオブライフ・ケアまでの経過
　発熱が続き，病院で腹部のCTを撮影した結果，胆管がんが見つかった。医師から長男夫婦・長女に説明がなされたが，以前より胆石があり，その時から「手術はしない，強い薬で苦しみたくない」と本人が強い意思表示をしていたことを話される。「年も年だし，本人も私たちも覚悟をしている」と話され，エンド・ケアが開始となる。

③ たくさんの家族に囲まれたエンド・ケア
　入所当初より，子どもや孫・ひ孫などたくさんの家族が訪れ，本人に会っていった。長男も幾度となく来棟され，入浴された日などはとても喜び，「良かったな」などと話されていた。Sさん自身も，大勢の家族との時間に幸せそうであった。食事は，いつも通りのものを食べられ，笑顔が見られていた。誰が見ても施設での死を受け入れられている家族と思っていた。
　しかし，徐々に食欲が減り，おかゆを数口しか食べない日もあれば，水分しかとれない日も出てきた。死が近くなると次男と嫁，その娘たちが面会に訪れ，次男の嫁より「なにもしないのですか？　点滴とかしてもらえないのですか？」と質問があった。とくに孫が祖母の姿を見て，いたたまれないといった表情であった。看護師は，「食べられなくなるのは自然の経過です。点滴をすることによって，自然が崩れ無意味に命を延ばすだけであり，本人の体調が改善する訳ではありません。また，針を刺すことにより，本人に苦痛と不快を与えることになります。現在は眠っているような状態であり，穏やかな表情をされていますね。これは，苦痛の訴えがないことを意味しています」と説明する。
　家族は「そうですか。理由がわかれば安心しました。これからもよろしくお願いします」と安心する。「点滴よりも，皆さんの声や手のぬくもりがなによりも薬になります」と加えると，孫もうなずき，理解した様子であった。
　たくさんの家族がいる場合，その人の死についてさまざまな感じ方がある。死の直前に無意味な治療を行うことは苦痛の思い出として残ってしまうこと，それよりも，本人とそ

の家族のスキンシップが一番満足する思い出となり、それを持ってあの世に逝かれることが本人の人生の締めくくりとなる。今回は本人の強い意思とキーパーソンである長男の意向で点滴などの治療を行わなかったが、時には家族からの強い希望で、点滴を行うこともある。しかし、それが本人と家族のためになるかどうかを感じ取り助言するのは、私たち介護職ではないだろうか。

4 本人と家族の団らん・交流を深めるケアの事例

　昔は「最期は畳の上で死にたい」と、家で亡くなることを希望し、それが実現できた。しかし現在は、核家族化が進んだことや介護力の不足により、家で看取るだけでなく、日々の団らんをもつことも難しい。その中で、病院ではなく、今まで利用してきたなじみの施設で看取りを希望される家族が多くなってきている。介護職は、利用者の最期の時に少しでも家族との団らんをもてるようにすることも大切な役割である。
　ケアを行っていると、家族の想いや不安に直面する。理屈では理解していても、エンド期を迎えようとしている本人に対してどう接してよいか、悩んでしまう。以下、悩める家族に対して、どう接したかの一例を紹介する。

☐ 施設に預けた自分を責める娘への援助
　長い間、認知症を患っていた父親Mさん90歳に対して当施設（老健）を利用しながら、在宅介護をしてきた60歳台の娘は、エンド・ケアは施設でと決心した。何度も、「私は間違ってないですよね？　これでよかったですよね。家では看取れないし、施設にお願いして間違ってはないですよね？」と、職員にたずねた。娘として父親を愛する反面、自宅での看取りを放棄したことに自分を責めて悩んでいた。介護職は、娘さんの揺れ動く不安に寄り添い、「間違っておられませんよ」「できるだけお父さまに話しかけ、手を握ってあげてください」と声を掛けると安心したように「ありがとうございます」と穏やかな表情になられた。
　時間の長さでなく、限られた時間を父親に向き合い共に過ごすことの大切さを職員が伝えることで、家族は自分たちを責めることなく安心して、エンド・ケアに参加できる。

☐ どうすればよいかわからない家族への援助
　がん末期で90歳の女性の家族は時間の許す限り面会に来ていた。来るたびに「今日はどうですか？」「ご飯は食べられましたか？」など私たちにたずねてくる。日々変化する症状に対して、おびえながら、何をしたらよいかわからない家族の不安が伝わってくる。そんな時、「お母さまは、なにがお好きだったんですか？」とたずね、好きだったスイカを持ってきてもらい、介助しながら少しずつ食べてもらうと共に、家族も一緒に食べても

らった。スイカにまつわる思い出と共に昔話に花が咲き，笑いが出ることもあった。また，昔の利用者の写真を持ってきてもらい，お母さまの子育てのエピソードに話が盛り上がり，母に対する畏敬と感謝の気持ちを表出されることもあった。

　私たち介護を行う者は，限られた時間に本人と家族との時間，団らんを大切にしているが，その橋渡しをすることが重要であると感じている。エンド期は，刻々と変わる本人の状態，そして，決定的な別れである死に向かうすべての過程において，利用者と家族の心の動きを読み取らなければならない。読み取ったら，タイミング良く家族との団らんの機会を設け，本人と穏やかな関係になるよう調整を行う。この調整のなかで，利用者は人生の統合を図ることができる。また，家族も悲しみのなかでも本人の死を受容できる。

〇 注・引用文献

(1) 堀内ふき，大渕律子，諏訪さゆり編（2013）：老年看護　高齢者看護の実践，236，メディカ出版．
(2) 牧潤二（2009）：あらためて終末期医療の検討が開始され，リビングウィルの法整備も論点に．超高齢化に突入した日本で，死生観とも関連する重要課題，ナーシングカレッジ，13（1），30-31．

〇 参考文献

●第2節
田村里子（2004）：患者とその家族へのケア——MSWの立場から，臨床栄養，104（3），275-277．

●第4節
樋下田高行他（2008）：ターミナルケアに対する家族の意識調査，平成20年全国介護老人保健施設京都大会．
小林綾他（2007）：アルボースにおけるターミナルケアの取り組み，平成19年全国介護老人保健施設愛知大会．
柏木哲夫（1992）：医学のあゆみ，163（10），12，5．

第9章
倫理的葛藤と対処

本章で学ぶこと
- □ 延命治療について現状と課題を理解する。
- □ 本人の意思決定支援について知る。
- □ 倫理的葛藤について考える機会を持つ。

1 延命医療の考え方

現代医療のジレンマ

　古来，長生きは慶賀すべきものであり，より長く生きること，つまり生存期間の延長を図ることは，医学・医療の長年の目標であった。そのためにたゆまぬ努力が積まれ，さまざまな医薬品や医療技術が開発された。食と衛生に関する環境も大幅に改善され，寿命は20世紀後半以降に著しく延びた。しかし現代，生存期間の延長を実現してきた医療行為のある側面に，深刻な問いが投げかけられている。これは単に死にゆく過程を引き延ばし，本人の尊厳を侵し，本人と家族に苦痛を負わせ，社会に負担をもたらしているだけなのではないのかという指摘である。

　延命医療の功罪は人によってその評価が分かれる。どのような状態であれ生命が存続していることそのものに意義を見出す人もいる一方，生存していることが死ぬことよりも良いとは必ずしもいえないと思う人もいる。このジレンマの出口は一体どこに見出したらよいのだろうか。

延命医療の定義

　延命医療に関する議論を開始するには，まず，その用語の示す意味をみておく必要がある。「延命医療」という用語にはいくつかの類語がある。「延命治療」と「生命維持治療」は「延命医療」と同義語といえる。一方，「延命措置」や「生命維持措置」という場合，そこには「この医療行為はもはや治療や医療ではなく措置である」という含意があるといえる。

2007年に「救急医療における終末期医療に関する提言（ガイドライン）[1]」を策定し，日本の学会として初めて終末期の定義と治療中止が考慮の対象となる患者の具体的な状態を示した日本救急医学会は，その提言（ガイドライン）のなかで，「延命措置」という用語を意識的に使用している。そして「治療ではなく，単なる延命措置」と説明し，それが，すでに治療とはいえなくなったものという価値づけを行っているのである。この場合に「措置」と呼ぶのは，医学の専門家集団としての医学的な判断であって価値づけではないという見方も可能ではあるが，ある医療行為を治療と呼ぶか否かには，その是非はともかく，現実には，医学的判断以外の意味づけや価値判断が関わる場合が少なからずあるとみられる。

日本に先行して延命医療が問題として認識されたアメリカおよびイギリスでは，延命医療は "life-prolonging treatment" または "life-sustaining treatment" あるいは "life-support" と呼ばれている。イギリス医師会のガイドラインでは "life-prolonging treatment" が用いられ，以下のように定義されている。「延命医療（life-prolonging treatment）は，患者の死を遅らせる可能性があるすべての治療法を指し，心肺蘇生法，人工呼吸器による治療，化学療法や人工透析などの特定の症状に対して用いられる治療法，生命に危険を及ぼす恐れがある感染症に罹患した場合に用いられる抗生物質投与や，人工的水分・栄養補給法（AHN：artificial hydration and nutrition）などが含まれる[2]」。

つまり，あらゆる治療法や治療行為が，治療としての役割ではなく，もっぱら生存期間の延長を図るために行われていると認識されたときから，治療行為は延命医療の行為となる。その意味で，延命医療問題は経済的に豊かな社会の特徴といえる。経済的に豊かでない国においては，延命の段階に至るまで医療行為を広く提供することは財政的に困難である。

◻ 延命医療問題の発生――高度医療の光と影

延命医療をめぐる諸問題の歴史はそれほど長くない。問題として認識されはじめたのは20世紀後半である。医療技術の進展に伴って，まず，西洋先進国において過去30～40年間で深刻化した。この時代に高度に進んだ医療技術は，かつては治療困難とみられた状態の患者を救命する一方，あらゆる手を尽くしても回復の見込みが失われ，意思疎通を図ることも不可能になった後においても，その技術に依存して生命が存在する状況を作り出してきた。つまり，高度医療の光の部分に代表されるものが患者の救命なら，その裏側で並行して発生し深刻化してきた影の部分が延命医療問題だといえる。

救命至上・延命至上の医学の伝統のもとに，生存期間の延長は医学がめざすべき基本的な方向とされてきたが，それが医学的・倫理的に適切か否かを問う声も，技術の進展とともに大きくなってきた。医療技術がそこに存在する以上，それを使うことは当然であり，使わなければ職務を果たせないという認識が医師の中であまりにも長く常識化していたため，死に直面している患者に対してもさらなる医療行為が行われることになったり，いったん開始した医療行為をやめることができなくなったりした。しかし，この状況を経験し

た患者家族や医療・ケア従事者のなかから，これは患者の死期を引き延ばし，かえって苦痛を増しているだけではないかという反省が大きくなり，誰の利益にもなっていないと思える医療行為をいつ終了して看取るべきか，それを真剣に検討することが現代医療の大きな課題の一つとなった。

この問題に取り組むべく，回復不可能な末期状態にあると診断された患者における延命医療の扱いをどのようにすべきかについて，欧米では長年にわたって議論が積み重ねられてきた。とくに，米国および英国では，過去数十年にわたる議論のなかで，第一に患者自身の利益擁護の観点から，不要な治療によって患者を苦しめないために延命医療を差し控えたり，いったん開始した治療を終了して看取ることは，医学的・倫理的に適切なことであるという合意が形成された。

また，1990年代以降，西洋諸国の多くにおいては，法は治療の終了（withdrawal of treatment）と治療の差し控え（withholding treatment）の双方を，治療を見送ること（foregoing treatment）として等価と扱い，「延命医療が患者の利益とならないと判断された場合の治療の終了は法的・倫理的に許容される。差し控えが許容される状況では終了も許容される。差し控えと終了の間には倫理的に差が無い」と認識している。

日本におけるガイドライン策定

日本において，いったん開始した医療行為を終了して看取ることが深刻な社会問題として認識される大きな契機となったのは，2004年の北海道立羽幌病院「事件」であった。このケースでは，誤嚥窒息のため心肺停止状態で救急搬送された90歳代の患者に心肺蘇生法を行い，心拍は再開させたが脳死状態と診断した医師が，人工呼吸器を取り外して看取ったことについて，同医師から報告を受けた警察が捜査し，医師が殺人容疑で書類送検された。

羽幌「事件」後，2006年に富山県の射水市民病院で医師が複数の末期患者から人工呼吸器を外して看取ったことに対して，捜査当局が殺人容疑での捜査を開始したことで，この問題は緊急の社会的問題とみなされるに至った。検察は，羽幌「事件」，射水「事件」の医師をともに不起訴としたが，生命維持治療を終了して看取ることの法的な意味が問われたことによって，日本社会でもこの種の問題にどのように対応すべきか，社会的コンセンサスを形成することが喫緊の課題として認識されることとなった。

そこで厚生労働省は検討会を発足させ，2007年に，終末期医療に関する国として初めての指針である「終末期医療の決定プロセスに関するガイドライン」（以下，厚労省ガイドライン）を発表した（2015年に「人生の最終段階における医療の決定プロセスに関するガイドライン」に改称）。同ガイドラインは，①医師単独ではなく医療・ケアチームで対応すること，②本人の意思を尊重し，本人と家族と医療・ケアチームが徹底した合意主義によって意思決定すること，③緩和ケアを充実させること，という3点を要点としている。これは意思決定プロセスに関するガイドラインであるため，治療を終了して看取ることの判断基準や，治療を終了した医師の法的免責に関しては言及していない。そのため，医療者らからこのガイドラインに対する批判の声が上がった。つまり，羽幌「事件」や射水「事件」後，あ

る明確な時点で人工呼吸器等を外すことが違法とみなされないという条件の明示を求める医療者は、そのような条件が示されていないガイドラインでは臨床現場で役に立たないと主張したのである。

そうした批判に対して、ガイドライン検討会の座長の樋口範雄は、もし、治療の終了基準や法的免責基準を国のガイドラインで示せば、終末期医療のあり方が「点」としてルール化されることとなり、ガイドラインの文言が硬直的に解釈され、患者にとっての最善を探ることよりも、その基準に沿うか否かという判断が臨床現場でなされることになり、適切な終末期医療のあり方とその判断に反する事態を招く恐れがあると指摘している。つまり、厚労省ガイドラインは意思決定プロセスに関するガイドラインであるからこそ、本人にとっての最善を実現するために意義があるということを強調したのである。(7) このように、同ガイドラインは、本人の医学的状態や事前指示の有無によって画一的な対応が取られることを避け、本人の気持ちに寄り添い、「線」つまりプロセスを大切に、一人ひとりにとってもっとも望ましい終末期医療について関係者が話し合い、合意によって意思決定するアプローチを示したものといえる。

2 本人の意思を尊重する意思決定とその支援

☐ 終末期の意思決定プロセス

上述の厚労省ガイドラインと親和性が高く、一人ひとりにとって望ましい終末期医療を実現するための意思決定のあり方に、清水哲郎が提唱している「情報共有―合意」モデルがある（図9-1）。このモデルは終末期医療に限らず治療とケアの方針決定の際に適用可能である。

「情報共有―合意」モデルは双方向の情報の流れを要請する。すなわち、医療・ケアチーム側から本人側への説明（医学的な情報が中心＝biological な情報）と本人側から医療・ケアチーム側への説明（本人の人生や価値観についての情報中心＝biographical な情報, narrative）を通して、双方で情報を共有した上で、一方が他方に同意するというより、双方の当事者の合意をめざし、共同の意思決定に至るという考え方である。(8) これは双方がより良くコミュニケーションを取り合意をめざす方法であり、このようなプロセスを経ることによって、医療方針の決定は本人の人生の中でなされるというあり方が認識されることになり、人生の物語りを作りつつ生きる本人中心の医療が実現すると考える。

☐ 本人の意思の尊重――人生の物語りを基本に

この意思決定モデルの背景には、「生命の二重の見方」理論がある。(9) これは、「人の生命は生物学的生命（biological life）を土台に、物語られるいのち（biographical life）が本人と関係する人々の物語りと重なり合いながら形成されている」という考え方である。人は誰

図9-1 情報共有―合意モデル

意思決定プロセス

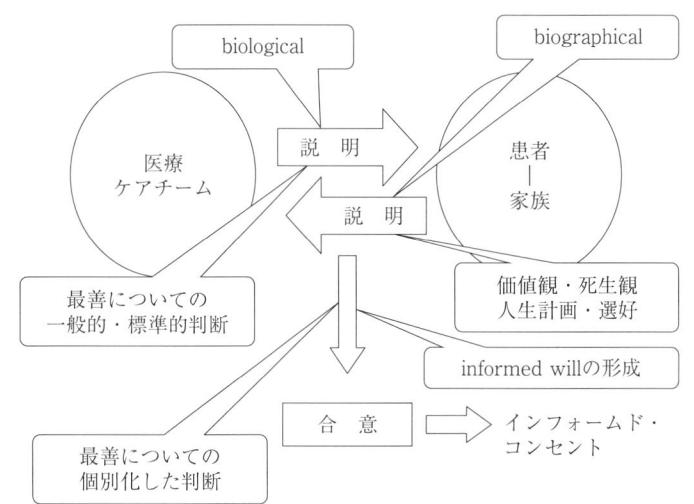

- biological / biographical
- 医療ケアチーム ― 説明 → 患者―家族
- 最善についての一般的・標準的判断
- 価値観・死生観 人生計画・選好
- informed willの形成
- 最善についての個別化した判断
- 合　意 → インフォームド・コンセント

出所：清水哲郎（2012）：臨床倫理エッセンシャルズ（改訂第2版），11，東京大学大学院人文社会系研究科死生学・応用倫理センター上廣講座臨床倫理プロジェクト．

でも選好，思想信条，価値観，人生観，死生観等をもち，それを反映した個別で多様な人生の物語りを生きている。日常の中でそれと意識することはなくても，一人ひとりそれぞれの選好や価値観を反映させて暮らしている。そしてその物語りは，本人単独で作るものではなく，日々，他者の物語りと重なり合わせて形成している。本人らしさやQOLを決めるのは物語られるいのちであり，したがって，生物学的な生命の重要性を決めるのも物語られるいのちである。換言すれば，生物学的生命はより良い人生を送るためにあるということである。病態生理学的データや医学的なエビデンスは重要である。しかし，一人ひとりにとっての最善は，それだけで判断できるものではない。本人の物語られるいのちという視点から，医療行為の意味をとらえ直すことが重要であるといえる。

　また，本人の意思を尊重するしくみとして欧米から輸入されたリビング・ウィルなどの事前指示によって意思を表明可能な段階で意思表示しておくことも推奨されているが，そうした事前指示に沿って意思決定を行おうとする際にも，人生の物語りに照らして事前指示の内容を再検討すると，目下の状況に合わせて本人をより尊重した意思決定に至ることが可能となる。本人の価値観・死生観を反映した人生の物語りを尊重する意思決定に至ろうとするときに肝心なのは，ていねいなコミュニケーションのプロセスである。臨床上の選択肢が増え，一人ひとりの価値観が多様化している現代，本人・家族側と医療・ケアチーム側のコミュニケーションの重要性はますます高まっている。両者は相互に価値観・死生観を知り，本人が意思疎通困難な状態となった後でも，医療・ケアチーム側は本人の物語りを形成する上で重要な関わりをもつ人々とコミュニケーションを繰り返していくことが，本人にとっての最善を探索する道筋といえる。また，このような意思決定プロセスを経ることによって，家族らも医療・ケアチームも納得の看取りに至ることが可能になり，

看取り後の遺族が抱えがちな心の問題の予防にもつながる。

　日本老年医学会は2012年に終末期医療とケアに関わる2つのガイドラインを発表したが，これらは上記の考え方に沿うガイドラインである。学会の基本姿勢を示した「立場表明2012」[10]は，終末期医療とケアは「本人の満足を物差しに」と謳っている。また，「高齢者ケアの意思決定プロセスに関するガイドライン――人工的水分・栄養補給法（AHN）の導入を中心として」は，AHNを導入するかどうかを検討する際には，本人の人生を豊かにすることをめざし，少なくともより悪くしないよう，本人の最善を探って関係者が共同で意思決定することを推奨している[11]。

▢ アドバンス・ケア・プランニングの考え方

　上記の意思決定プロセスは，近年，注目されているアドバンス・ケア・プランニング（ACP：Advance Care Planning）の考え方と同様の趣旨をもつ。ACPは本人・家族が医療・ケアスタッフと相談しながら医療とケアに関して意思決定していくプロセスのことである。日本では「事前ケア計画」という訳語が一部で使用されているがこれはあまり適切ではなく，あくまで両者間のやり取りのプロセスを重視している。本人の価値観・死生観・信仰・信念・人生の目的等を医療・ケアスタッフや家族等の重要他者と共有し，診断と治療の選択肢・予後の情報も共有し，本人の治療計画を共同で作成する。作成後も相互のやり取りに沿って必要な見直しを行う[12]。ACPのなかで医療側が本人・家族に事前指示書の準備も勧めるが，一度準備して完成という性質のものではなく，プロセスに沿った折々の見直しが求められる。ACPの効果については，「本人・家族側と医療・ケアチーム側のコミュニケーションが改善したことによって，本人・家族の満足度が向上した」と医学論文で報告されている[13]。しかし，時間と人手を要するため，それらを支える財源に関する問題が当面の課題と指摘されている。

　ACPが登場した背景には，リビング・ウィルが期待ほど普及しなかったという事情がある。リビング・ウィルは，持続的植物状態だった若い女性クィンラン（Quinlan, K. A.）の人工呼吸器を止めることを認めるか否かの法廷闘争の影響を受け，1976年にアメリカのカリフォルニア州で自然死法が制定されたことによって，世界で初めて法制化された。その後，この動きは全米に広がり，リビング・ウィルと意思決定代理人の指名を内容とする事前指示（AD：advance directive）が制度化された。医療技術の進展に伴って，意思疎通困難となった後でも医療技術の力によって生存期間を延長させることが可能な時代となったことで，意思疎通困難となった場合にどのような医療行為を望むかあるいは拒否するかなどを，意思表示可能な段階で表明しておくことを制度化する動きが広がったのである。

　しかし，事前指示の仕組みには，状況や意思の経年的な変化に対応が困難である点や，いざ必要なときに事前指示書が見つからないことが少なくないこと，また，代理人と本人との考え方に相違があるなど，欠点が少なくなかった[14]。そのため改善が求められた。

　類似の取り組みとして，アメリカではPOLST（Physician Orders for Life-Sustaining Treatment）[15]を広める運動も起きた。POLSTは，「生命維持治療のための医師の指示書」

という意味で，医師と患者／代理人との会話に基づいて医師が記入しておく文書である。対象はおもに患者が重篤な場合で，医師が患者／代理人に対し，現状と予後の見通しや治療法の選択肢を説明し，患者の価値観を踏まえた治療の目標を聞き取り，人生の最終段階で心肺蘇生法や AHN，抗生剤投与その他の医学的処置について希望するか否かを医師が書式にチェックし，基本的には医師が保管しておくものである。

❸ 倫理的葛藤への対処と考え方

☐ 医学的な生命予後とエンドオブライフ・ケアの意味

　従来の主流の考え方によれば，ある医療行為によって生存期間が長期に延長可能と診断される場合はその医療行為を行うのは当然のことであり，そうしなければ生命軽視の誹りを受けた。しかし，さまざまな医療技術が汎用される現代の医療環境においては，生存期間を延長させるために技術を駆使することが必ずしも本人の幸せや満足につながるわけではないと言われるようになり，従来からの考え方には見直しが必要となってきた。

　このことについて，次の事例を用いて具体的に考えたい。

　　　85歳男性。脳梗塞を繰り返し寝たきりで，意思疎通困難・摂食嚥下困難。経鼻経管栄養法を受けていたが，チューブを頻繁に引き抜いてしまう。今やこの患者が行っていることはチューブを引き抜くことだけであり，しかもこれを繰り返しており，担当の看護師には，患者が全身で「経鼻経管は嫌」ということを表現しているように思えた。主治医は予後は年単位と診断し，患者家族に胃ろう造設を勧めたが，家族は胃ろう造設は本人の意思に反するとして，了解しなかった。この患者への AHN をどうすればよいか。

　この場合，選択肢としてどのような方法があるだろうか。生命予後が年単位なら，一般的には，経皮内視鏡的胃ろう造設術（PEG）を施行し胃ろう栄養法を導入することが選択肢として認識されるだろう。しかし，これは本人の意思を尊重する方法とは考えにくい。では，ポートを造設して中心静脈栄養法を行うべきか。しかし，腸が機能している患者において中心静脈栄養法を長期に使用することは医学的に適切な判断とはいえない。さて，この状況では何をどのように判断すべきなのか。

　従来の考え方の道筋に沿って，まず，生命予後が年単位なのだから終末期ではないと判断し，AHN の選択肢を挙げてそのいずれの方法を採るかを検討すると，上記のように答えは出ない。そこで，先に記述したように，人生の物語りに沿って本人にとっての最善を探ってみるとどうなるかを考えたい。

　実際，この事例について検討した臨床倫理セミナーでは，参加者の一人が「この患者さんのために何が最善なのか，それを考えましょう」と発言したことが契機となって，本人の人生の物語りについて情報交換がなされた。「この患者さんはこれまでどういうことを

大切にしてきた人なんですか？」という質問が本人の人生のいろいろな場面に関してなされた。

　そのなかで，この患者は日本社会においてまだコーヒーという嗜好品が珍しかった時代に，コーヒー豆を遠隔地から購入し，自分で煎って飲んでいた無類のコーヒー好きだと家族が語っていたことがわかった。そこで，「好きな銘柄のコーヒーをいれ，それで氷を作り，小さく砕いて口に入れて口腔内を潤す」という選択肢が出てきた。そして，氷のかけらを作り患者の口に入れることを家族にもしてもらうことで，家族にケアへの参加を促すという方法を取ることが検討された。

　氷のかけらでは月単位の生命維持もできない。せいぜい10日ないし2週間程度と思われる。もし従来どおり，医療の目標を可能な限りの生存期間の延長ととらえると，この患者の場合は胃ろう栄養法が第一選択，経鼻経管栄養法が第二選択となるだろう。いずれにおいても年単位の生存期間の延長が見込まれる。しかし，患者の人生の物語りを踏まえて患者の最善の視点から考慮すると，選ぶべきはどの選択肢になるだろうか。また，家族にとって，本人が嫌がる経鼻経管の継続という意思決定をすることと，本人に喜んでもらえる可能性があるケアに参加し，最期の期間をともに過ごすということでは，どのような意味の違いがあるだろうか。このような事例で必要なことは，緩和ケアのアプローチで本人と家族のQOLに焦点を当て本人の人生の集大成を支援すること，つまり，エンドオブライフ・ケア（以下，エンド・ケア）を提供することなのではないだろうか。

　救命・延命を医療の目標と考えてきた医療者には，この意識変革は大きすぎるかもしれない。それゆえに深刻なジレンマを抱えることもあると思われる。しかし，さまざまな医療技術が進展し，個人の価値観・人生観も多様な現代の社会環境において，医療とケアの専門家に求められていることは，狭義の医学的な定義に当てはめて終末期の対応を取ることではなく，本人の人生の物語りを基本として本人にとっての最善を探って実現しようとすることであると考える。判断されるべきは，医療行為によって生存期間の延長を図ることが可能かどうかだけでなく，そのようにして生存期間を延長することが本人にとってどのような意味をもつのか，ということである。

◻ コミュニケーションを取ることができないとき

　上述のように，本人の人生の物語りを知り，それに沿って本人らしい人生の集大成を支援し納得できる看取りを実現するためには，本人や本人を知る人たちとコミュニケーションを取ることが不可欠である。本人が明確に意思を表示することができなくなっても，本人の対応する力に応じて何らかのやり取りをしたり，本人からのサインをつかむ努力を重ねたりすることは重要である。多くの場合，ある程度の期間を経て次第に意思疎通困難な状態になるのであるから，その過程で関わった知人や医療・介護の関係者らから何らかの情報を得ることが可能な場合もある。しかしなかには，突然の事故や疾患のために意思疎通困難となる場合もある。そうした人に家族等がいない場合には，本人の人生の物語りに関する情報を語ってくれる人もいない。そのようなときに，どのようにして本人らしい人

生の集大成を支えるかは難問である。

　筆者はこうした場合の基本的なアプローチとして，その時代におけるもっとも適切な緩和ケアを標準として対応することを勧めたい。緩和ケアはがん医療の分野から進展し，現在では，がんでも非がん疾患でも，病院だけでなく介護施設でも在宅でも，広く推奨されている。苦痛を和らげ，生活の質（QOL）に焦点をあてる緩和ケアの精神を基本に，多職種のチームによって意思決定すれば，そうそう間違った結論に至ることはないと考える。さらに，医療・介護機関内に，第三者を含む臨床倫理委員会等を設置し，こうした問題を検討できるようにしておくことも時代の要請といえるだろう。

4　施設でのケア現場で抱える倫理的葛藤と解決策

倫理的葛藤が生じやすい対象と場面

　高齢者ケアの日常は，常に倫理的判断のくり返しである[19]。とくにエンド・ケアの実践場面では，寝たきり高齢者や認知症高齢者は日常生活の全面において他者の援助に頼らざるを得なくなることや，意思の疎通が困難になりやすいため医療行為やケアの意思決定場面において家族の意向が優先される場合が多く存在し，ケア提供者の倫理的葛藤が生じやすい。また，高齢者は複数の疾病や障害を併せ持つことが多く，心理・社会的影響も受けやすいためにエンドオブライフ期の経過は極めて多様であり，余命の予測が困難であること[20]からも，現在の状況で新たな医療行為やケアを「するべきか」「しないべきか」，これまで継続してきた医療行為やケアを「継続すべきか」「中止すべきか」または「差し控えるべきか」と，葛藤する場面に直面することが多い。

倫理的葛藤の解決に向けた第一歩

　倫理的葛藤が生じる場面や内容は，ケアを実践する個人の感性や価値観に影響される。たとえば，少し食事をこぼして汚れたシーツを見て「このくらいなら目立たないし本人も不快がない。逆にシーツ交換で必要以上に動かすことは本人も苦痛だ」とシーツを交換しなくてもよいと考える人もいれば，「ベッド上でほぼ1日中過ごすので食事をこぼした染みがついているシーツで休むのは不快だろう」とすぐにシーツを交換したほうがよいと考える人もいる。

　本人にとって何がよいのかを考えている点においては共通しているが，その答えはそれぞれ異なっており，互いの考え方に納得できていない可能性がある。倫理的葛藤の解決には，まずは日常のケアの場面で生じた疑問をそのままにせず，声に出し話してみることが大切である。

☐ 関係者間での話し合いの過程の重要性

　倫理的葛藤に直面した場合には，タイムリーに家族も含めた多職種チーム（医師・看護職・介護職・リハビリ職など）で，本人にとっての最善について話し合うことがもっとも重要である。本人の意思が確認できない場合であっても，可能な限り本人の意思を尊重できるようにする。本人が事前に表示していた意思があるかを確認し，なければこれまでの本人の生き方や価値観・信念から本人の立場に立って意思を察し汲み取る態度をもって話し合うことが大切になる。倫理的葛藤の解決に向けては，合意が得られるまで，時間の許す限り何度でも話し合いをくり返す過程が重要である。普段から職種をこえた話し合いができる風土をつくっておく。

☐ 話し合いの事前準備

　日々のケア実践の中で，限られた時間を有効に活用し話し合いを行うためには，事前に話し合うポイントを明らかにしておくことや，可能であれば話し合うポイントに沿った情報を整理しておくとよい。情報整理の際に「Jonsenの症例検討シート[21]」を活用することも一つの方法である。これは，「医学的適応」「本人の意向」「QOL」「周囲の状況」の4つの項目について直面している事実や情報を把握し，問題点を整理してさまざまな角度から検討するための手段となる。

○ 注・引用文献

(1) 日本救急医学会救急医療における終末期医療のあり方に関する特別委員会（2007）：救急医療における終末期医療に関する提言（ガイドライン）．

(2) British Medical Association (2001)：*Withholding and withdrawing life-prolonging treatment : Guidance for decision making* (2nd Edition), BMA.

(3) Annas, G. J. (1995)：How we die, Dying well in the hospital：The lessons of SUPPORT, Special Supplement, *Hastings Cent Rep*, 25 (6), S12-S14.

(4) The Hastings Center (1987)：*Guidelines on the termination of life-sustaining treatment and the care of the dying*, Indiana University Press.

(5) American Medical Association Council on Ethics and Judicial Affairs (1992)：Decisions near the end of life, *JAMA*, 267, 2229-2233.

(6) 厚生労働省（2007）：終末期医療の決定プロセスに関するガイドライン．

(7) 樋口範雄（2008）：続・医療と法を考える——終末期医療ガイドライン，83-104，有斐閣．

(8) 清水哲郎（2012）：臨床倫理エッセンシャルズ（改訂第2版），11，東京大学大学院人文社会系研究科死生学・応用倫理センター上廣講座臨床倫理プロジェクト．

(9) 清水哲郎（2002）：生物学的〈生命〉と物語られる〈生〉——医療現場から，哲学，53，1-14.

(10) 日本老年医学会（2012）：「高齢者の終末期の医療およびケア」に関する日本老年医学会の「立場表明」(http://www.jpn-geriat-soc.or.jp/proposal/pdf/jgs-tachiba2012.pdf)（2014.1.30）．

(11) 日本老年医学会（2012）：高齢者ケアの意思決定プロセスに関するガイドライン——人工的水分・栄養補給法（AHN）の導入を中心として (http://www.jpn-geriat-soc.or.jp/info/topics/pdf/jgs_ahn_gl_2012.pdf)（2014.1.30）．

(12) Singer, P. A., Robertson, G., Roy, D. J. (1996)：Advance care planning, *CMAJ*, 155, 1689-1692.

⒀ Detering, K. M., Hancock, A. D., Reade, M. C., Silvester, W.（2010）：The impact of advance care planning on end of life care in elderly patients：Randomized controlled trial, *BMJ*, 340, c1345.

⒁ Gillick, M.R.（2004）：Advance care planning, *New Engl J Med*, 350, 7-8.

⒂ National POLST（http://www.polst.org/）（2014. 1. 30）.

⒃ 会田薫子（2013）：認知症ケア――共同の意思決定による家族支援，家族看護，11，29-37.

⒄ 本章においてはエンドオブライフ・ケアという用語について以下のように考える。一言でいうなら「人生の最終段階のケア」という意味であり，生命予後を数値化可能か否かという狭義の医学的な終末期の定義にかかわらず広く使用できる。医学的に適切な診断はあらゆる場面において基本となるが，エンドオブライフ・ケアは医師が従前の定義を用いて終末期と診断してから開始するものではない。

⒅ 会田薫子（2011）：延命医療と臨床現場――人工呼吸器と胃ろうの医療倫理学，217-223，東京大学出版会.

⒆ 湯浅美千代，酒井郁子（2010）：新たな技術の体系化へのチャレンジ 技術体系③，高齢者ケア，臨床看護臨時増刊号，36（10），1591.

⒇ 前掲注⑽.

(21) Jonsen, A. R., Siegler, M., Winslade, W. J.／赤林朗，蔵田伸雄，児玉聡監訳（1997）：臨床倫理学――臨床医学における倫理的決定のための実践的なアプローチ（第5版），13，新興医学出版社.

第10章
急変時のケア・死亡時のケア

本章で学ぶこと
- □ 急変時に起こりうる症状について理解する。
- □ 急変時への対応について知る。
- □ 死亡時のケアについて知る。

1 急変時（臨終期）の症状を見極める

◻ 医師や看護師に報告すること，対応

　エンド期ではさまざまな症状が出現する。重要なことは，それが死が近づいた自然な経過なのか，根本的な治療はできなくとも苦痛をとる必要がある症状なのかどうかを見極めることである。死が近づくと出現する自然な経過による症状については，どのような症状が出現するのか知っておくと落ち着いてケアができる。看護職は介護職や家族に症状を事前に説明し不安の軽減に努めると同時に，オンコール等で看護職と連携すべき症状や観察のポイントについて共通理解を得られるよう働きかける。本章ではエンドオブライフ・ケア（以下，エンド・ケア）で起こりやすく，オンコールの連絡が多い症状についてまず述べる。そして介護職員が報告し行う対処方法と看護職が介護職に指導するポイントや出動する場合について，また医師との連携について夜間オンコール体制でのやり取りを想定し，述べる。

◻ 発　熱

　発熱（通常37℃以上）がみられた場合，介護職は他の症状の有無，表情，意識の変化がないか，痙攣・悪寒戦慄の有無，水分の摂取状況，排便の有無（便秘か下痢か），排尿（回数，色，におい等），発汗の有無，咳や痰の有無・増減などについて観察し，看護職へ報告する。エンド・ケアにかかわらず，施設に入居する高齢者では発熱は起こりやすい症状であるが，いつもの本人の平熱と比較し，37℃以上の体温であっても他に変化がなく本人にとっての平熱と変わりがなければ，室温が高くなりすぎていないか，布団など寝具が多す

ぎてはいないかなど環境面からの影響がないかもアセスメントする。苦痛がない範囲で頭部や脇の下，鼠径部（足の付け根）をクーリング（冷却）することもよく用いるケアである。しかし，直接皮膚に冷却材を当てると凍傷になる恐れがあり，また急な寒冷刺激は本人に苦痛を与えるためタオルや布で保護して使用する。

悪寒戦慄がある場合はクーリングせず，まず保温を行う。また，脱水による発熱，発熱に伴う脱水により口渇感を伴う場合，嚥下の状態に合わせて本人が好きな飲みやすい物を勧める。飲み込むことが困難な場合，小さな氷や氷菓子をなめてもらうことも乾きを癒すケアとなる。発熱により苦痛を伴う場合など，解熱剤を使用することもあるが，医師や看護職に確認をしながら使用する。発汗を伴う場合は，本人に苦痛や疲労を与えないように配慮をしながら，更衣や清拭を行い，不快感を取り除く。

いずれにせよ利用者に常でない変化が見られた場合には，あわてずオンコール等で看護職と連絡を取ることが大切である。看護職は発熱の連絡を受け，意識レベルが低下している，痙攣を伴う，血圧低下や冷や汗をかいているといったショック状態が疑われるものは敗血症や脳神経疾患，また肺炎等呼吸器疾患の急性疾患の可能性があるので出動する。医師には感染症の可能性も考えながら報告し，指示を確認する。また，発熱に伴う苦痛症状がある場合は，症状を伝え，苦痛を緩和するための処方等を確認する。

☐ 嘔気・嘔吐

介護職は嘔気・嘔吐が出現した場合，表情，腹痛・頭痛の有無，意識の変化がないか，排便・排尿の有無，食欲について確認する。嘔吐の場合，嘔吐物の性状（色，におい，量，回数），腸蠕動音，腹部の張り，むせや痰の絡みがないかなどを確認・観察し報告する。

エンド・ケアでは寝たきりになることや疼痛に対する麻薬製剤の使用により腸蠕動が低下しやすく，便秘や排ガスの貯留による嘔吐を引き起こす場合もある。排便のケアに関しては第5章第10節で述べているが，腹部の張りがあるか，排便の有無・性状などを把握し，コントロールすることで嘔気・嘔吐が予防できる場合もある。

また，嘔吐物がコーヒーのような色であったり，黒・茶色，血液が混じっている場合は消化管からの出血を起こしている可能性もあるため，医師・看護職に報告を行う。嘔吐物による誤嚥を防ぐため，通常側臥位をとるか顔を横にむけるが，困難であれば，ベッドを少しギャッジアップする対応をとるよう指示する。看護職は腹痛がある，嘔吐が続いている，吐血が疑われる場合は出動し，医師の指示を仰ぐ。イレウス（腸閉塞）や腸蠕動の低下など，何らかの原因で消化管の通過障害を起こしている可能性がある場合は，医師の指示により，胃管（マーゲンチューブ）を挿入し，胃内容物をカテーテルチップなどで吸引，もしくは解放し，脱気を図る。胃ろうを造設している場合は，胃ろうに減圧チューブ（胃ろう交換時のセットに入っていることが多い）を使用して減圧を図る。根本的な治療ではないが，嘔吐による苦痛の軽減や，嘔吐物の誤嚥を防ぐ目的で実施する場合がある。

嘔吐が見られた場合，胆管閉塞や胆石の可能性もあり，黄疸（眼球（結膜）や前胸部など）の皮膚色が黄色に変色していないかも確認し報告する。根本的な治療を行うかどうか

は，本人の体力や既往歴，希望，家族の意向を踏まえ，治療方針を医師と連携し決定していく。

麻薬製剤の使用により，便秘傾向となり嘔吐をきたしやすい利用者の場合は，日ごろから排便コントロールを実施し，下剤や浣腸，坐薬の使用をあらかじめ包括的な指示で確認しておくことも重要である。また，異食による嘔吐の可能性もあり，周囲に洗剤やスポンジなど本来食べ物ではないものを口にしてしまった痕跡がないかもチェックする。異食が明らかな場合は，どのようなものを，どのくらい口にしてしまったのかを把握し，医師に報告する。

吐血（下血）の場合は，急なショック状態を引き起こす可能性もあり，医師の指示に従ってルート確保や止血剤の投与を行う場合がある。内視鏡下で止血を行うかどうかは処置によるリスクも伴うため，吐血（下血）の程度や，本人の体力や既往歴，本人・家族の意向を確認し，対応する。嘔吐（下痢）の場合は，ノロウイルスなどの感染が原因となることもあるため，鑑別と感染対策を施設の方針に従って行う。

☐ 意識レベルの低下

急な意識レベルの低下は，脳血管疾患・心疾患や低血糖，呼吸器疾患による低酸素状態などさまざまな病態が考えられるが，通常の状態と比べて，全く反応がないのか，痛みを加えると反応があるのか等意識レベルの判定や，痙攣・麻痺の有無，血糖値，浮腫や胸部不快の有無を観察する。報告を受けた看護職は急性の疾患が原因と考える場合，介護職と協力して気道の確保や痙攣による外傷や口腔内の損傷を防ぐよう環境を整えたり，低血糖の可能性がある場合はブドウ糖の投与や糖液の注射を医師の指示に従って行う。

血圧低下や，冷や汗などショック症状がみられる場合は下肢の挙上を行う場合もある（心疾患では禁忌の場合もある）。急性疾患の可能性をアセスメントしながら，エンド・ケア期に出現しやすい，せん妄・混乱による症状との鑑別も医師と協力して行う。うわごとを言ったり，今まで寝たきりで動くことができなかった利用者がベッドから起き上がることがある。ケアとしては，行動を無理やり制止せず，楽な姿勢をとれるようにベッド周りの環境を整えたり，クッションや枕を利用してポジショニングを行う，部屋の明かりを暗めにするなど環境の整備も重要である。

☐ 呼吸停止

エンド・ケア期に施設で起こる急な呼吸停止は，窒息や誤嚥によるものや，さっきまでは変わらぬ様子であったのに，とくに目立ったエピソードはないが呼吸が止まっていた，もしくは止まりそうなところを発見したというケースがある。

窒息や誤嚥による呼吸状態の変化については，まずは異物の除去を最優先に行う。吸引の手技やハイムリッヒ法，背部殴打法を介護職と共有しておくことも緊急時には大きな意味を持つ。呼吸停止による心肺蘇生を行うかどうかは，本人・家族の意向を事前に把握しておくことが前提であるが，いざその場面を迎えた場合動揺する家族もいるため，必ず家

族に連絡をし，方針の確認を取る。施設の方針にもよるが，蘇生を希望される場合でも緊急時には一般的な心肺蘇生法以外は病院のような対応はできないことや，間に合わない場合もあることを事前に伝え，同意を得ておくことが必要である。

　自然の経過の中で，エンド期に状態が安定していたが，急に鼻翼呼吸や努力様呼吸など呼吸の仕方が変わったり，呼吸が速くなったと思うと急にゆっくり深い呼吸になるなど，リズムが変調したりすることがある。また無呼吸や呼吸停止となった場合，一見苦しそうに見えるが，本人にとっては不快や苦しみの表現ではないことを家族や，エンド・ケアの経験が少ない職員に伝える。痰がゼロゼロとからむこともあるので体位を工夫したり，口腔ケアや吸引を行う。また，点滴や経管栄養を行っている場合は，水分投与量が多すぎて体が受け付けない状態なのではないか検討する。

　エンド・ケアの経験が少ない介護職は，不安が強いこともある。看護職が「心配なことがあったらいつでも連絡してください」と声をかけ，連絡があった際の対応法についてあらかじめ決めておくことで，介護職のみで行う夜勤の不安が軽減される。

　上述した症状の他，エンド・ケアにおいてさまざまな症状が出現し，時にはその症状が本人に苦痛を与えることがある。積極的な治療はしないと決定していても，苦痛を与える症状に対して原因をアセスメントし，取り除いていくケアを行う必要がある。その際には医療的な関わり（緩和医療）が必要となる場合もあり，医師や看護職と連携する必要がある。看護職に報告する際には，急変の症状の時期・回数・苦痛の程度，バイタルサイン（体温・血圧・脈拍）を観察し伝える。看護職は，一般的な症状の把握とアセスメントに加えて，利用者一人ひとりの既往歴や罹りやすい病気，内服している薬剤の情報を把握し個別の対応を医師と連携し行っていく必要がある。

❷ 急変時に連絡する家族への対応方法

　エンド期では，急変時に必要となる家族の連絡先を確認しておく。連絡をする際には，家族に過度の緊張を与えないよう，伝える側も落ち着いて事実のみを伝える。施設の外に家族がいる場合は，慌てずに落ち着いて施設へ向かうよう伝え，可能であれば到着の目安や他に連絡する家族がいるかなど，情報を整理する関わりも必要な場合もある。

　普段から緊急時の連絡経路を確認しておくとともに，日々の様子や変化を細かく伝えておくことも家族の心の準備につながる。急変時にはどの職種が誰に連絡をするのか施設の方針を決めておく。例としては，エンド・ケアの安定期で，食事もとれ，バイタルサインも安定していた方で，夕飯も全量を摂取しいつも通りに過ごしていたが，ベッドに移乗しようとしたところ，見る間に呼吸状態が変化し，呼吸が止まってしまった事例があった。この時は，施設での看取りケアの承諾を得ていたため，オンコールの連絡を受けた看護職が出動し，呼吸の停止を確認，家族に急な変化ではあったが，苦しい様子はなく自然に呼

吸が止まった旨を伝えた。

　医師と看護職が連絡をとり，介護職の情報と自身の観察による呼吸停止までの経緯を説明，診察のため往診が可能かどうかの確認を行った。介護職は，通常の介護業務を行いながら，施設管理者に連絡をし，応援を要請した。

　家族には急変までの経緯とその後の対応について明確に伝え，意思決定を確認する。看護職は嘱託医や協力病院との連携体制についても相談員等とも連携し，体制を構築しておくことが望まれる。

③ 死亡時の本人へのケアと家族への対応方法

☐ 死亡確認と死後の処置（エンゼルケア）

　最期を迎えた後は，家族の到着時間を確認すると同時に，死亡確認の際に立ち会わせたい家族や親しい人がいるかも聞き，医師に往診してもらう時間を調整する。家族が到着してからは，家族と本人の別れの時間を設ける。臨終に際して，誰も家族が付き添っていない状況であれば，最期を看取った職員がその時の様子を伝える。「何度か宙を見てうなずいたような後に，目を閉じて，次に見たときは呼吸が止まっていました」など，なるべく具体的な様子を伝え，最期まで職員が見守っていたこと，決して苦しい最期ではなかったなど，大切な人を失った家族に少しでも良い最期であったと感じてもらえるような援助を行う。医師が到着し，家族がそろったところで通常死亡確認を行う。家族が遠方におり，施設まで来られない場合には，家族の承諾を得て職員のみで確認を行うことがある。家族が遠方におり，到着までに時間がかかる場合の対応についても本人・家族，そして施設の方針を確認しておく。死亡を医師から宣告されることにより，利用者は故人となってしまうが，本人との思い出を語ったり，家族へ介護のねぎらいの言葉をかけることも重要である。

　死亡確認後，お別れをしてもらい，気持ちが少し落ち着いたところで家族の同意を得て死後の処置を行う。

　どのような衣服を着せたいかやメイクをするかなどを，生前の故人の嗜好を踏まえて家族と相談し，実施する。この際，宗教的な希望や地域の習慣により対応したほうがよいことがないかも確認していく。施設では，介護職と看護職が協力して死後の処置を行うことが多いが，家族の希望があれば共にケアを行うことができるよう促す。着替えや身支度を整えた後に，故人が女性であればメイクだけを共に行うことは抵抗が少ないだろう。「施設内ではお化粧することはほとんどなかったけど，きれいですね」など言葉を交わしながら行うことで気持ちが落ち着く場合もある。エンゼルメイクは，死後の経過も踏まえ，目の周りなどくすみが出やすい場所はリキッドファンデーションでカバーする。なおメイクの前に保湿クリームをつけ乾燥を軽減するなどの工夫を行い，メイク道具はできれば本人が使用していたものを事前に用意しておく。

胃ろうやペースメーカーなど挿入物がある場合は，医師と対応を確認する。胃内容物や，痰，排泄物などが漏出する恐れがある場合は，吸引や摘便など，個別の身体状況に応じて処置を実施する。

　死後の処置を行いながら，ほかの職員は施設から自宅への遺体の搬送方法や葬儀に関わる業者の選定について相談を受ける。急な死亡の場合，何をしてよいのかわからない家族が多いため，いくつか葬儀業者の連絡先を紹介するリストを作成しておく場合もある。地域によっては，自家用車で自宅に連れて帰る場合もあり，本人や家族の意向に沿うよう対応する。施設から搬送まで時間がかかる場合は，とくに夏場は遺体を冷やしたり，室温を下げるなど腐敗が進まないように工夫する。

◻ 施設からの見送り

　特別に霊安室などがない場合は，玄関から見送るところもある。「入ったところから出ていく」当たり前の人の営みであると同時に，ともに過ごした職員や他の利用者の別れの場面でもある。死をタブー視せず，皆で送る方針とする施設もあり，本人・家族の希望と施設の方針を日ごろから話し合っておくことが重要である。

　遺体を搬送する場合，同乗者が死亡診断書を携行するため，見送りまでに死亡診断を行った医師に，死亡診断書を記載してもらう。記載漏れや誤りがないかを医師，職員，家族，と確認（とくに家族とは生年月日と，氏名の表記に誤りがないかを確認）し，お渡しする。

　本人の荷物や家具は，後日落ち着いてから引き取りに来てもらっても良いなど，施設の方針と対応を家族と確認する。また，施設での写真を遺影に使用したいという希望がある場合もあるため，担当の職員は資料を用意する。施設職員が通夜や葬儀に参加する方針の場合は，参加承諾の有無と日時を確認する。

第Ⅲ部
これからのエンドオブライフ・ケア

第11章
施設でのエンドオブライフ・ケアを支えるケアシステム

本章で学ぶこと
- □ エンドオブライフ・ケアを行っていくうえでの各職種の役割を理解する。
- □ ケアマネジメントについて理解する。
- □ チームケアを行ううえで必要な教育・研修について知る。

1 チームケアと各職種の役割

◻ チームケアをするために必要なシステム

各専門職がチームケアをするために必要なシステムとして、ケアカンファレンスの開催があげられる。施設には多くの専門職がおり、各専門職はそれぞれの視点で本人や家族について情報を持っている。ケアカンファレンスでは各専門職が集まることで、本人の状態やどのようなサービスが提供されているかについて情報共有ができる。ケアカンファレンスを有効に活用することで多職種の視点からエンドオブライフ・ケア（以下、エンド・ケア）を見つめ深めることができる。

◻ 介護職の役割と多職種との連携の意義

施設内でのエンド・ケアを行うには、多職種が連携しチームとして行うことが大事である。その中で介護職は本人・家族と一番多く関わる。衰弱し言葉にできない本人の気持ちや、混乱している家族の気持ちに寄り添い、何を望んでいるのか、何を求めているのかを予測し、それを一つひとつ確認して介護を行う。疑問に思った点は、チームで共有するようにする。

また、日々変化する体調に配慮しながら介護を行うことが求められる。たとえば清潔の保持に関しては体調が安定している時には、負担をかけないように入浴介助を行い、状態の悪い時には体を拭く、陰部洗浄を行う等身体の保清をする。

反応が乏しくなっても、本人の好きだった歌を口ずさんだり、思い出話を語りかける、手を握るなど、できる限り本人を孤独にさせないように注意を払う。そして、最期の時を

その人らしく穏やかに過ごせるよう，部屋の飾り付けや音の配慮などの支援を行う。

家族がいて，面会に来る場合に対しては，まめに声かけや挨拶を行い，ていねい・親切に関わる中で，信頼関係の維持に努める。家族の大変さをねぎらい，来てもらったことに感謝し，施設での様子を伝える。短時間で参加できる介護を一緒にしてもらえるよう工夫し，本人と最期の時を共に過ごせたことに充実感を感じてもらえるよう配慮する。

エンド期の介護は介護職だけでは限界を感じることも多いと予想される。問題点を感じたら多職種と共有し，多職種からの情報やアドバイスをもとに，日々変化する利用者の状態にあわせた介護を行う。

看護師との連携

介護職と共に一番本人の近くで多く関わる職種が看護師である。看護師とは医療観察や処置の面で，状態変化を迅速に判断できるように，身体の観察の方法やポイントについて共有する。「息が荒いようですが，これは大丈夫か？」「熱があるが，どうしたらよいか？」などと早めに報告を行う。すると，「これは，終末期の自然の状態なので様子を見たらよい」「首の下に枕を入れるか，上体を起こしたら楽になる」「氷枕をしましょう」と具体的にアドバイスがもらえる。とくにエンド期はできるだけ，細かく情報を共有できるようにする必要がある。

利用者の状態によっては，入浴や離床なども，呼吸や血圧の変動をみながら，実施するかどうかの判断を受ける。体力的に不安を感じるケアの場合には看護師が共に行う，または立会う。

そして，看護師はチームで得た情報をまとめ，医師に対して指示を仰ぎ，その指示をわかりやすくチームのメンバーに説明する。看護と介護の強みを認めながら，互いの垣根を越えて，日々のケアにおいて協力し合うことが大切である。

言語聴覚士・栄養士との連携

言語聴覚士や栄養士は食事内容や摂取量から，本人に合わせた食事の提供を行う。むせた場合には，言語聴覚士が飲み込みの状態を評価し，トロミの量や食事形態を確認する。栄養士は言語聴覚士とも相談し，提供する食事のカロリーやメニュー，栄養補助食品の検討などを行う。

また，本人の好むものや家族から聞いた情報を元に，食べたいものや食べやすいものの献立を作成する。日々の状態を伝え，介護だけでは判断できない食事内容の調整をしてもらい，介助方法の指導も受ける。

エンド期では本人の容態が悪化していく中，食欲は徐々に低下していく。この時期になると食事をどうするのかが最後の大きな問題となる。介護職は，本人の最期まで口から食べたいという思いに対して，できる限り最期まで経口摂取ができるように言語聴覚士や栄養士と連携して関わる。

▢ 理学療法士・作業療法士との連携

　エンド期においてもリハビリテーションは必要となる。理学療法士や作業療法士は最期まで本人の今までの生活行動を維持できるよう，さらに，消耗した身体でできるだけスムーズに動けるように，筋肉固縮や関節拘縮の苦痛が緩和できるようにリハビリ計画を立案する。介護職は，移動，食事，排泄，更衣や整容など日々行っている生活動作援助において，本人が最期まで苦痛なく本人らしい生活を行えるように理学療法士や作業療法士と連携して関わる。

▢ 相談員・ケアマネジャーとの連携

　相談員やケアマネジャーは，本人の思いや，家族の思いなどを傾聴し，穏やかに過ごせるようにケアプランを作成する。また，介護職などと情報を共有するためにコミュニケーションを密にとる。

　エンド期には看取りの場をどこにするのかが大きな問題となる。最期まで本人と家族の思いは揺れ動く。本人は，家で最期を迎えたいと思う一方で，家族は，本人に家で最期を迎えさせたいと思いながらも，介護力がないことから，在宅で看取ることは困難であると悩む。介護職は，相談員やケアマネジャーと連携して本人と家族の揺れ動く思いを支える。本人に対してはエンド期に本人らしい生活ができるよう支援し，家族には施設でのエンド・ケアに納得感が得られるように関わっていく。

▢ 医師との連携

　医師は日々介護職や看護師の報告を受け，本人の状態を診察し必要な医療的な指示や現在及び今後予想される状態を説明する役目をもつ。また，本人・家族から医療に関する質問をされた時に随時説明を行う役割を担っている。

第Ⅲ部　これからのエンドオブライフ・ケア

2　ケアマネジメント

☐ ケアマネジメントのニーズ

　ケアマネジメントは,「利用者の社会生活上のニーズを充足させるため,適切な社会資源を結びつける手続きの総体」(1)である。施設エンド・ケアにおけるケアマネジメントでは,利用者・家族が施設を希望し,その最後の時期をどのように過ごしたいか,そのニーズの実現のために,施設内職員や施設外のあらゆるサービスを適切に活用できるように調整することといえる。

　筆者はエンド・ケアにおけるニーズには,(2)①ケア体制の確立,②基本的ニーズへの援助,③疼痛以外の苦痛マネジメント,④家族・親族との関係調整などの9つをあげている（表11-1）。ケアの開始時期にはケア体制の確立が求められ,死別後のサポートは最後の時期に必要となる。また,基本的ニーズへの援助はどの時期でも必要である。このように,各ニーズについては,各時期別に特徴をもつ。これらのニーズをアセスメントし,予測しながらそれに応じた施設ケアプランが介護支援専門員（ケアマネジャー）らによって立案される。

☐ ケアマネジャーの役割と実践

　医師と利用者や家族が話し合いの結果,エンド・ケアを行うことを決定する。ケアプランを立てるときは,①利用者や家族の意思を尊重する,②残された時を利用者と家族が共にして,安心安楽に過ごすことができる,③最後まで当たり前の生活が送れることを頭に入れ,立案前では,医師,看護師,介護職,リハビリ職,栄養士,支援相談員などさまざまな職種と利用者本人と家族とカンファレンスを行う。

表11-1　エンドオブライフ・ケアにおけるケアマネジメントのニーズ

ニーズ	具体的な内容
①ケア体制の確立	・チーム構築と連携・調整
②基本的ニーズへの援助	・食事,清潔や排泄,睡眠等の日常生活動作への援助
③疼痛以外の苦痛マネジメント	・疼痛以外の悪化症状,褥瘡,倦怠感,呼吸困難等の観察と援助
④家族・親族との関係調整	・介護力,介護体制,本人や家族・親族,職員との意思や役割の調整
⑤心理・精神的援助	・本人や家族の心配事の相談,生活の仕方,ケアの希望への援助,うつ,不安,恐怖感へのケア
⑥疼痛マネジメント	・痛みの緩和,鎮痛薬,副作用症状,薬の不安や抵抗感の観察と援助
⑦喪失・悲嘆・死別サポート	・家族の予期悲嘆,本人が亡くなるということ,死別後のケア
⑧デスマネジメント	・本人や家族の死の受容プロセスへの援助
⑨スピリチュアルペインへの援助	・生きること,存在していることの目標への援助

出所：内田陽子,中谷久恵,島内節（2009）：エンド・オブ・ライフケアニーズと在宅ケアマネジメントの実践,北関東医学,59（4）,339.を筆者改変。

第11章 施設でのエンドオブライフ・ケアを支えるケアシステム

資料11-1　エンド期のケアプランの例

初回・紹介・(継続)　　(認定済)・申請中

利用者名　●●　●　様　　生年月日　大正●年●月●日　住所　●●●●●●●●●●

施設サービス計画作成者氏名　介護支援専門員　●●　●●●
施設サービス計画書作成介護保険施設名及び所在地　●●●●●●●●●●●●●●
施設サービス計画作成(変更)日　平成●年●月●日　　初回施設サービス計画作成日　平成●年●月●日
認定日　平成●年●月●日　　認定の有効期間　平成●年●月●日 ～ 平成●年●月●日

要介護状態区分	要介護1 ・ 要介護2 ・ 要介護3 ・ 要介護4 ・ (要介護5)
利用者及び家族の生活に対する意向	利用者の意向：本人の明瞭な意向確認困難であるが、「一人にしないでほしい」という発言から、人の気配を感じて生活したい意向がある。 ご家族の意向：胃ろう栄養は希望しない。施設で出来る範囲のお世話をしてほしい。水分が足りず、施設でできる点滴はしてほしいが、入らず、本人が苦痛ならないでほしい。
介護認定審査会の意見及びサービスの種類の指定	
総合的な援助の方針	①身体の苦痛や疼痛を緩和する。 ②無理なく口から食事をとることができる。 ③口から水分が入らない時は、点滴を1本行うが無理に入れない。 ④寂しさや不安がなく、人の交流を受けて穏やかに過ごす。 ⑤身体の清潔を保ち、褥瘡の発生を予防できる。 以上5点を目標として施設サービス計画書を作成し援助する。また居室の環境整備を行い、本人とご家族が安心して過ごすことができる環境を提供する。

施設サービス計画について説明を受け、同意しました。　　説明・同意日　平成　　年　　月　　日　　署名

利用者名　●●　●　様　　　計画作成(変更)日　平成●年●月●日　　Page：1／2

生活全般の解決すべき課題(ニーズ)	長期目標	(期間)	短期目標	(期間)	サービス内容	担当者	頻度	期間
No.1 体調の悪化が進み、積極的な治療はしないが、できるだけ苦痛や疼痛なく穏やかに過ごしたい	身体の苦痛や疼痛を緩和できる	H●/●/●～H●/●/●	体調の観察変化の把握	1ヶ月	・意識、呼吸状態、体温、血圧、脈、顔色、表情、チアノーゼや四肢冷感の有無など全身状態を観察し、体調の変化を確認する。	医師 看護師 介護福祉士	毎日	H●/●/●～H●/●/●
			苦痛や疼痛が緩和する。	1ヶ月	・本人の体調に合わせて、本人に苦痛や疼痛を伴わないよう施設で出来る範囲の医療(点滴、内服、酸素投与など)を提供する。 ・発熱のある時はクーリングや掛物の調節、四肢冷感が見られる時は温罨法、痰の絡まりがある時は吸引などの対応を行う。 ・ベッド臥床による苦痛や疼痛が緩和できるよう、マッサージや安楽な姿勢の調整を行う。	医師 看護師 介護福祉士 リハビリスタッフ	随時	H●/●/●～H●/●/●
No.2 食事水分の摂取が進まない状況であるが、胃ろう栄養や無理な点滴は望まない。最後まで口から食事を摂りたい。	無理なく食事を摂ることができる	H●/●/●～H●/●/●	食べやすい食事水分の提供	1ヶ月	噛む力と飲み込む力、本人の食欲や希望に添って、食べやすい形態・量の食事を提供する。	管理栄養士 リハビリスタッフ	毎日	H●/●/●～H●/●/●
			無理なく食べられる	1ヶ月	本人の食欲に合わせて、自己摂取の促しや食事介助を行い、食べたくない時やムセ込み、溜め込みが見られる時は、無理せず介助を中止する。	看護師 介護福祉士 管理栄養士 リハビリスタッフ	毎日	H●/●/●～H●/●/●
			食べたいものを食べられる	1ヶ月	本人が食べたい物、好みの物、家族が食べさせたい物があれば持参をお願いする。	家族	随時	H●/●/●～H●/●/●

利用者名　●●　●　　　　　　様　　　　　計画作成(変更)日　平成●年●月●日　　　　Page: 2 / 2

生活全般の解決すべき課題(ニーズ)	援助目標					援助内容			
	長期目標	(期間)	短期目標	(期間)	サービス内容	担当者	頻度	期間	
No.3 いつも孤独で寂しく、怖いので誰か側にいてほしい	寂しさや不安がなく、穏やかに過ごすことができる	H●/●/● 〜 H●/●/●	こまめに関わりを持つ	1ヶ月	・居室へ訪問し、挨拶や話し掛け、手を握るなどスキンシップを交えコミュニケーションを図る。・本人の訴え、家族の思いを傾聴し、施設で出来る範囲の対応を行う。・体調や本人の覚醒・意欲に合わせて、離床や身体を動かす機会を作る。・無理のない範囲で、家族の面会を依頼する。	医師 看護師 介護福祉士 リハビリスタッフ 管理栄養士 支援相談員 ケアマネージャー 家族	毎日	H●/●/● 〜 H●/●/●
			家族の不安や戸惑いが軽減する	1ヶ月	・家族に面会時や電話などで本人の状態を適宜報告する。・家族に今後の体調の変化などを適宜説明する。・家族の本人に対する思いやターミナルケアを行うことに対する不安などを傾聴する。	医師 看護師 介護福祉士 支援相談員	随時	H●/●/● 〜 H●/●/●
			利用者と家族が気兼ねなく過ごせる	1ヶ月	・利用者と家族が穏やかに過ごせる雰囲気づくり、丁寧な対応、家族が疲れないような精神的な気配りを行う。・ベッドメーキングや居室の環境整備を行う。・家族が望むときは泊りのできる環境を作る。	看護師 介護福祉士	随時	H●/●/● 〜 H●/●/●
No.4 ベッド上で過ごす時間が多く、栄養状態も良くないため、褥瘡が発生しやすい	褥瘡の発生を予防できる	H●/●/● 〜 H●/●/●	除圧と身体観察	1ヶ月	・定期的に体位変換を行う。・体圧分散のためエアマットを使用する。・排泄や入浴ケアの際には、褥瘡ができやすい部位の観察や保清を行う。	看護師 介護福祉士 リハビリスタッフ	毎日	H●/●/● 〜 H●/●/●
No.5 さっぱりとした気分が得られるように入浴をしたり、身体を拭いてほしい	身体の清潔を保つことができる	H●/●/● 〜 H●/●/●	爽快感を得られる	1ヶ月	・体調や身体状況に合わせて、個人風呂や機械浴での入浴を介助する。・随時、身体清拭を行う。・口腔ケア(歯磨きや口唇の保湿)、洗顔、整髪、髭剃りなど整容が保たれるように援助する。	看護師 介護福祉士	入浴予定日 随時 毎日	H●/●/● 〜 H●/●/●

　利用者を看取るまでの間、意識レベルの低下、呼吸状態の悪化、疼痛の増強など全身状態が低下していくことが考えられる。ケアプランではその身体的な苦痛や疼痛を緩和することを1つ目の目標とする。2つ目は利用者本人の不安の軽減や最後の時まで穏やかに当たり前の生活を送ることができることを目標とすることが多い。

　各職種の主な役割として、医師は診察をして体調を確認する、苦痛のない範囲の治療を行う、家族に状態を繰り返し説明する。看護師は状態の変化を確認し医師に報告する、また介護職との連携や家族に現在の状態や今後の変化を説明する。

　支援相談員は利用者と家族の状態に合わせて、入所期間を調整する。また医師が家族に状態を説明する際には、その場を設定することも役割の1つである。ケアマネジャーは本人のニーズを明確にしてケアプランを作成する。ケアプランの一例を**資料11-1**に示す。また各職種、とくに現場の介護職にその利用者がエンド期であることを意識づけることが必要である。

　エンド・ケアを行うなかで、重要なことはスタッフ全員が共通の認識を持ち、急変の時もあわてず騒がずに対応すること、利用者本人や家族に対しては不安を与えない関わりをする必要がある。

表11-2　エンド・ケアに関する職員教育・研修の例

研修項目	方　法
●最初のステップ（自分たちでまずは考えてみよう）	
1．生きる，死にゆくこと	全職員でグループワーク
2．死にゆく過程，身体的変化，死の兆候	医師が講義
3．エンドオブライフ・ケアで大切なこと 　　本人や家族の意思決定と説明，本人らしさを支えるケア，グリーフケア	外部の講師が講義
4．死にゆく過程のなかでの生活援助 　　食事，排泄，清潔，運動・休息等	看護師が講義
5．苦痛を緩和するケア 　　苦痛の種類（身体・精神・社会面），薬剤調整，体位の工夫，語らい等	看護師が講義
6．各役割分担とチームワーク	全職員でグループワーク
●次のステップ（やり方を形にしてみよう）	
7．本施設でのエンド・ケアの方針と対応マニュアル案を作る	各職種からの代表者が原案を作成し，全職員とディスカッションし共有化する
8．施設外のエンド・ケアの取り組み	学会や研修会に参加
トライのステップ（まずは一事例からやってみよう）	全職員
9．施設内でのエンド・ケアの事例実践と頻回なカンファレンス開催，振り返り	担当する職員と全職員
●発展のステップ（実践事例をまとめて発表しよう）	
10．9の事例を言語化し施設外に発表し，他施設との交流を図り，情報交換する。施設外の資源を活用する	学会や研修会に参加

出所：筆者作成.

3　エンドオブライフ・ケア援助者の教育・研修

　施設において主に利用者に関わるのは介護職である。ところが，看護師が病院勤務のなかで経験するのに比べ，介護職は死に遭遇する機会は少ない。よって，死にゆく者や死んでしまった者に対するケア実践，たとえば，生活上の援助や死後の処置（エンゼルケア）の技術等について，介護職は取得していないことが多い。また，若い職員の多くは核家族で育っているため，家で祖父母を看取った経験をもっていない。そのため，エンド・ケアに対するとまどい・不安が強い。そういうことからも，職員への教育や研修は欠かせない。
　教育や研修は段階を追って一歩一歩進める。表11-2にそのステップの例を示した。まずは，職員同士で生や死について自由に語らい，それぞれの死生観を知り，共有化する。その後に死にゆく過程や死の兆候について講義を受ける。そして，その時期に必要となるケアについて，具体的な苦痛緩和や生活援助の方法を学ぶ。その上で，各職種の役割と連携について職員で考えさせる。それができたら，一度文献や本などを参考に自分たちの施

設でのやり方について文章化していく。そして，それをもとに，まずは一事例取り組んでみる。その事例のなかでの気づきや失敗，成功体験を言語化し，まとめてみる。職員間や施設外での発表会でそれを検討し評価する。このことにより，職員の力量はステップアップしていく。

◯ 注・引用文献

(1) 厚生労働省老健局老人保健課（2012）：要介護認定審査会委員テキスト2009改訂版，14，長寿社会開発センター．
(2) 内田陽子，中谷久恵，島内節（2009）：エンド・オブ・ライフケアニーズと在宅ケアマネジメントの実践，北関東医学，59（4），338．

◯ 参考文献

小林綾（2013）：アルボースにおけるターミナルケア――介護士の立場から，2013年群馬県老人保健施設大会，65．

第12章
施設でのエンドオブライフ・ケアの制度と費用，アウトカム評価

本章で学ぶこと
- □ エンドオブライフ・ケアにおける評価の重要性を理解する。
- □ ケアのアウトカム評価について知る。
- □ 施設におけるエンドオブライフ・ケアの制度と費用について理解する。

1 施設でのエンドオブライフ・ケアの制度と費用

□ 介護保険制度における保険給付と自己負担の仕組み

　施設療養に伴う費用は，介護保険で定められた「施設介護サービス費」と，施設ごとに設定できる「食費」「居住費」（室料や光熱水費）等から成る。「施設介護サービス費」は，利用者の要介護度によって異なり，要介護度が低いほど安く，高いほど高く設定されている。

　所定額の9割が保険給付，1割が利用者自己負担となっている（介護報酬改定による変動の可能性あり）。他方，「食費」および「居住費」は全額が利用者自己負担となる。それぞれの額は，施設ごとに比べると介護療養型医療施設がもっとも高く，次いで介護老人保健施設，介護老人福祉施設の順である。なお，利用者自己負担は，所得に応じた費用負担という観点から，利用者世帯の所得が低いほど低く，高いほど高くなるしくみとなっている。

□ エンドオブライフ・ケアに関わる制度

　エンドオブライフ・ケア（以下，エンド・ケア）に対しては，介護老人保健施設では「ターミナルケア加算」，介護老人福祉施設では「看取り介護加算」が設定されている。介護療養型医療施設に関しては，その役割として「必要な医療」の実施が明記されているため，加算の設定はない。これらの加算は，死亡日がもっとも高く，死亡の2〜3日前，死亡の4〜30日前までがそれぞれ何単位，という段階的な設定となっている。それぞれの単価を比較すると介護老人保健施設の方が高いものの，医療行為の算定ルールとして介護老

人保健施設ではおよそすべてが基本療養費に包括されているのに対し，介護老人福祉施設では出来高算定が可能であるため，このような差を踏まえた設定となっている。また，たとえ施設内で死亡に至らなくても，施設に入所していた期間については死亡日からさかのぼって算定することが可能である。

　これらの加算は，平成21年度の介護報酬改定より設定され，「社会保障・税一体改革」との連動が明言された平成24年度介護報酬改定の際に，加算の新設や単価の上昇等によって評価がより手厚くされた（今後の改定により変更の可能性あり）。

☐ 施設における看取りの実態

　看取りに関する加算が手厚くされた背景には，介護老人保健施設や介護老人福祉施設等における看取りの実施件数が，必ずしも多くないという実態がある。厚生労働省の資料によると，100床当たりの年間施設内死亡退所者数では，介護療養型医療施設22.8人，介護老人保健施設5.7人，介護老人福祉施設7.4人と推計されている[1]。

　このことを踏まえると，看取りに関する加算は明らかな政策誘導である。単位設定として，死亡の2〜3日前，および死亡日がとくに高くなっていることは，死亡に至るぎりぎりの状態まで施設内で対応することへのインセンティブであり，また，施設で死亡に至らなくても算定可能であることは，そのような施設の運営努力に対する配慮ととらえることができる。

☐ 制度や費用を踏まえた施設としての対応

　病院における医療は医療保険対応であり，高額療養費による自己負担額の制限や福祉医療による自己負担免除などの制度が適応されるため，介護保険対応である施設入所に比べ利用者自己負担が軽減される可能性が大きい。しかし，病院と施設の役割分担という観点からは，必ずしも病院で最期を迎えることがいいとは言い切れない。政策誘導として施設におけるエンド・ケアの提供が推奨されていることは，わが国としてそれが終末期のひとつのあるべき姿であり，制度や費用ではなく，療養環境を含む利用者のクオリティー・オブ・ライフ（QOL）という観点から，施設でのエンド・ケアへの対応の充足が望まれる。

第12章 施設でのエンドオブライフ・ケアの制度と費用，アウトカム評価

表12-1 エンドオブライフ・ケアのプランでのアウトカム評価の例

ニーズ	目標	具体策	実施	アウトカム評価
最後まで身だしなみに気をつかって自分らしくいたい	1. 外見の清潔・保持（眼脂，褥瘡，関節の拘縮がない） 2. 家族から「きれいね」と言われる	1. 毎朝，暖かいおしぼりで洗顔，整髪，薄化粧をする 2. 本人，家族の好む洋服の着用 3. PTによる関節リハビリ 4. 本人の体調に応じて入浴と清拭，手浴，足浴を行う 5. 美容師に施設出張してもらいカット・カラーリングを行ってもらう	○ ○ ○ ○	＜目標達成度＞ ■達成した □達成しない ＜状態改善度＞ □改善 ■維持 □悪化 ＜本人・家族の満足度＞ ■満足 □不満足 □よくわからない

出所：筆者作成．

2 施設でのエンドオブライフ・ケア評価の重要性

☐ ケアの質評価の必要性

　職員は施設で実施しているエンド・ケアが正しいものなのか，本人や家族のニーズに応じているか，つねに，ケアを評価する必要がある。それが，ケアに携わる職員の不安軽減につながり，ケアへの自信もわいてくる。

　ケアの質評価の視点には，構造（ケア体制），過程（ケアの結果・成果・アウトカム）の3つの柱がある。施設でのエンド・ケア体制としての人員確保，医師や看護師に対する連携体制は整っているか，エンド・ケアプラン（看取りの指針や介護計画・看取り計画）が立案されているか，そしてケアした結果，本人の苦痛は緩和されたか，本人・家族は満足したか，これらをエンド期において常に確認，評価していく必要がある。

☐ アウトカム評価とは

　アウトカムとは，なんらかの介入を行った結果や成果であり，2時点以上の状態変化（改善，維持，悪化）として示される。筆者は，アウトカム評価の指標を，①目標達成度（ケアプランの目標が達成されたかどうか），②状態改善度（対象の状態は改善されたか），③満足度（対象の満足を得ているか）の3つの指標を提示している。[2]

　表12-1にはエンド・ケアプランでのアウトカム評価の例を示した。そこでは，「外見の清潔・保持」ができたかどうか（目標達成度），エンド・ケア開始期の状態と現在の状態の変化を判定（状態改善度），本人・家族はケアに対して満足しているか（満足度）でアウトカム評価をしている。

　エンド・ケアでは，死にゆく人が対象となるので，症状が改善することは難しい。しか

表12-2 「臨死期」におけるアウトカム評価の指標の例

一番近い番号に○をしてください

大項目9		小項目31	とてもそう思う	そう思う	ややそう思う	あまりそうは思わない	全くそうは思わない
結果はいかがでしたか？							
痛み	1	痛みが消失した，または軽減した	4	3	2	1	0
	2	薬に対する不安や問題が少なくなった	4	3	2	1	0
	3	次の症状（吐き気・食欲低下・便秘等薬による副作用）が軽減した	4	3	2	1	0
その他の苦痛症状	4	呼吸の変化について理解ができ，家族の不安が減った	4	3	2	1	0
	5	飲み込みが少しでも楽になった，または飲み込みが悪いことによる肺炎にならなかった	4	3	2	1	0
	6	栄養・水分不足にならなかった	4	3	2	1	0
	7	清潔を保てた	4	3	2	1	0
	8	熱が下がった	4	3	2	1	0
	9	皮膚の問題がない，または改善した	4	3	2	1	0
心理精神	10	希望が取り入れられた	4	3	2	1	0
	11	不安，いらだちが軽減，または改善した	4	3	2	1	0
生きる意味・価値観	12	やり残していることを表現し，実施への取り組みができた	4	3	2	1	0
	13	家族や知人とのつながりを実感した	4	3	2	1	0
	14	自分ができることに取り組めた	4	3	2	1	0
死への準備	15	亡くなる時期を予測できた	4	3	2	1	0
	16	希望の場所で最期を迎えられた	4	3	2	1	0
	17	互いに伝えたいことが伝えられた	4	3	2	1	0
家族・親族の関係	18	本人と家族の意思統一ができた	4	3	2	1	0
	19	家族それぞれの役割分担について話し合えた	4	3	2	1	0
	20	家族が健康維持方法と介護の知識や技術を理解した	4	3	2	1	0
悲嘆	21	希望に沿った死の迎え方ができた	4	3	2	1	0
	22	本人・家族が心残りなく語り合えた	4	3	2	1	0
基本的ニーズ	23	規則正しく快適に一日を送ることができた	4	3	2	1	0
	24	夜間の睡眠がとれた，または不眠が改善した	4	3	2	1	0
	25	本人は丁寧な関わりをされていた	4	3	2	1	0
	26	話すことや聞くことによる問題がなかった，または少しでも減った	4	3	2	1	0
	27	薬が規則的・適切に飲めた・飲みやすくなった	4	3	2	1	0
ケア体制の確立	28	主治医との連絡・受診が可能な体制が整った	4	3	2	1	0
	29	緊急時に的確に連絡をとる方法が理解できた	4	3	2	1	0
	30	医療処置の方法が理解でき，対応できた	4	3	2	1	0
	31	経済的不安・負担の軽減がされた	4	3	2	1	0

出所：島内節，薬袋淳子（2008）：在宅エンド・オブ・ライフケア（終末期ケア），23，イニシアをもとに筆者一部改変．

し，褥瘡がない，手足の関節に拘縮がみられない，痛みがない等の各症状についてはケアにより維持改善が期待できる。

表12-2は在宅の臨死期におけるアウトカム評価の項目例を示している。これを見ると，「痛みの消失や軽減」，「薬に対する不安や問題が少なくなった」等の症状の軽減，「本人や家族の希望が取り入れられている」，「家族や知人とのつながりを実感した」等の精神，社会面のアウトカム指標が示されている。

この項目は施設でも使用できる。この項目に沿って，職員複数で評価をしてもよいし，本人や家族が評価してもよいと考える。アウトカム評価指標の言語化がなされていれば，それを目標にケア実践ができ，その達成がなされれば，エンド・ケアの質は高いことが示される。

③ 主観的満足度

またアウトカム評価には主観的満足度の指標も重要である。樋下田高行らは，利用者本人はエンド・ケアをどう評価していたのか，家族に本人の意思を推察してもらい，Quality of Death（QOD）のアンケート調査を行っている。調査の項目は，①施設でのケア（職員対応，医療体制，環境・設備）についてどのように感じたか，②本人及び家族が望むようなケアが実現できたか，③容態変化に応じて医師や現場職員からの説明についてどのように感じたか，④家族は本人とゆっくり関わることができたか，⑤過去に，最期の過ごし方について本人と話し合ったことはあるか，⑥ケア全体に関してどう感じたかである[3]。

対象者25名の結果では，全体的にケアについての満足度は高く，日々変化する容態や状況に即したケア提供や説明を行ったことが要因であったと考察している[4]。しかし，最期の過ごし方について本人と話し合うケースは少なく，QODを高めるには，死生観について家族間で話し合える環境作りが課題である。

表12-3は施設におけるエンド・ケアの満足度評価である。ケアへの満足度評価については，本人が生存している時期には本人へ回答してもらう，本人が亡くなられた場合はご家族（遺族）に回答してもらう。多くの報告では，エンド・ケア終了後，遺族から評価してもらうケースが多いが，亡くなった後ではなく，エンド・ケア開始期・小康期，臨死期とケアをしている時に評価してもらうことが，全体のケアの質を高めることにつながる。

○ 注・引用文献

(1) 厚生労働省（2013）：第48回社会保障審議会介護保険部会資料（http://www.mhlw.go.jp/stf/shingi/0000023283.html）（2013.9.18）.
(2) 内田陽子（2008）：ベストティーチャーが教える・看護過程目からウロコの教え方＆学び方，日総研，97-100.
(3) 樋下田高行，加藤綾子，美原恵里（2012）：当施設の看取りケアに対する評価（QODを考える），

表12-3　本人・家族へのエンドオブライフ・ケアの満足度評価

4．十分満足した　3．満足した　2．やや満足した　1．あまり満足しなかった　0．満足しなかった

↓

大項目　6	番号	小項目18	回答欄
利用者中心	1	利用できる施設ケアや他サービスや制度について説明した	
	2	本人や家族の個人情報を守った	
	3	本人や家族の権利や意見を尊重した	
近接性	4	本人や家族の代弁者として連絡調整を行なった	
	5	家族とケア提供者間で目標と情報を共有した	
	6	希望や意見に沿ったケアを提供した	
ケアの持続性	7	ケア開始前に契約条件を明確に説明した	
	8	相談・依頼からケア開始まで待たせなかった	
	9	必要なケアを計画通り提供した	
サービスの調整・統合	10	違う施設の職員でも手順や説明を統一した	
	11	状況や状態の変化にすぐ対処した	
	12	施設間の職員等への連絡や協力体制を整えた	
	13	困ったときの連絡先や窓口をはっきり伝えた	
ターミナル特有業務	14	予想される状態の変化と対処方法を説明した	
	15	過度の医療処置は患者の負担になることを伝えた	
	16	死期が迫った時，冷静に判断できるように説明した	
効果・効率性	17	ケアにより病状や生活が安定した	
	18	ケアにより家族の心身が楽になった	

出所：表12-2に同じ，24を筆者一部修正．

第23回全国介護老人保健施設大会，〈http://www.roken.or.jp/wp/taikai/endai〉（2015.8.22）．
（4）同前書．

第13章
各施設と地域をつなぐ
エンドオブライフ・ケアの実際

本章で学ぶこと
- □ さまざまな施設におけるエンドオブライフ・ケアの現状を知る。
- □ さまざまな施設におけるエンドオブライフ・ケアの特徴を知る。

1 特別養護老人ホームにおけるエンドオブライフ・ケア

　看取り介護加算などの制度的な後押しを受ける以前より先駆的にエンドオブライフ・ケア（以下，エンド・ケア）を行っている特別養護老人ホーム（以下，特養）12施設において，医療体制の整備や職員教育，家族ケアなどの課題にどのように取り組んでいるかを調査した。以下にインタビュー結果をまとめて紹介する[1]。

◻ エンド・ケアに関する医療について

　多くの施設ではエンド・ケアを実施するタイミングとして，「食事・水分が摂れなくなったとき」や「悪性新生物の診断がされたとき」「医師の判断」があった。
　先駆的にエンド・ケアに取り組んでいる特養では，医療器具はないものの，医師による死亡確認が可能な体制は整っていた。

◻ エンド・ケアの内容について

　エンド・ケアにおける，本人・家族の看取りに関する意思確認（希望する死亡場所，医療，エンド・ケアのあり方）は，「医師」「医師・看護師」「看護師」などの医療従事者が多く，「（副）施設長・相談員・ケアマネジャー」も行うという施設もみられた。医学的な所見に基づき，エンド・ケアの開始を判断し家族に伝えるのは医師の役割であるが，その後の意思確認は，より本人や家族に近い存在である相談員等が看護師と協働しリーダーシップを発揮していた。
　意思確認の内容をケアに反映する方法は，「毎日の情報交換」，ケアプランや24時間シートによる「プランの活用」，職員が集まる場での情報共有を図る「朝礼とカンファレンス

の活用」「カンファレンスの開催」などさまざまな方法が取られていた。

　意思確認について困難さを感じる場面は，入居者の身体状態の変化によって特養での看取りでいいのか等迷いが生じる家族が多く，「その揺れ動く思いをとらえる」ことに困難さを感じていた。また，その困難への対応方法としては，ありのままを伝え，考える時間を家族に持ってもらうことや，日ごろから信頼関係を築き，思いを聞き出すこと等の意見が得られた。

　その他には，死を受け止めることや医師の説明が理解できていない家族も存在し，看護師や施設長が説明を補足しフォローしていた。キーパーソンがいない利用者もおり，その場合は社会資源を活用するとしていた。

　家族のエンド・ケア参加のサポートは，より家庭的に，落ちついた環境で過ごせるよう，家族が宿泊や長時間付き添うための部屋やベッドの準備や，食事・お茶セットの用意など「付き添いの環境を整える」ことや，連絡ノート等を活用しての「家族と現場の情報交換」，ケアを一緒に行うことや行事に参加してもらうなどの「直接ケアへの参加」が行われていた。特養での生活が長い者は，家族が持つ元気な頃の本人のイメージとギャップがあり，老いや病状，死が近づいていることを受け入れにくい場合がある。家族が共に過ごす時間を増やし，そのギャップを少しでも埋め，最期を穏やかに迎えていただくようにしている特養もあった。

☐ 看取り介護加算の同意確認について

　看取り介護加算の同意の確認は，「入所時」「医師の説明後」「プラン提示時」「家族会」の順に行われていた。担当職種は，「相談員」や「看護師」であった。

　看取り介護加算の取得に困難さを感じる場面については，「とくになし」ととくに困難さを感じていない施設がある一方，「入院になった場合加算が取れない」や「胃ろう等の場合，移行期が長いのでターミナルの基準を満たすことが少なく加算が取れていない」等の状態変化の予測が行いにくい高齢者の終末期の特徴による困難さを感じていた施設がある。

☐ エンド・ケアにおけるスタッフのサポート体制について

　介護職の教育体制については課題が多く，とくに介護職のみの体制となる夜間の対応についての教育が必要である。

　介護職への教育は，外部講師を招いての講義や施設内の職員がそれぞれの専門分野について講義をする「施設内での研修（集団教育）」，エンド・ケアを経験しているスタッフがロールモデルとなる「日々のケアを通じての教育」が行われていた。

　ケアへの負担・不安軽減には，新人職員とベテラン職員がペアを組む，管理当直が協力体制をとる「夜勤体制の調整」，24時間いつでも看護師と連絡，相談ができる「看護職のオンコール体制」，緊急時には管理者が責任を持つことを介護職に伝える「責任の所在をはっきりとする」，職員同士がエンド・ケアについて「話し合いを持つ」，ケアの過程を記

第13章　各施設と地域をつなぐエンドオブライフ・ケアの実際

したパンフレットを配布しての「教育」が行われていた。

◻ エンド・ケアのカンファレンスについて

　カンファレンスの開催は，「医師がエンド期と判断した後」や「家族からエンド・ケアの同意を得た直後」「朝のミーティングと月2回行っているケース会議」で行われている施設もあった。カンファレンスの司会者は，担当ユニットの介護職や生活相談員が行っていた。カンファレンスの参加は介護職，ケアマネジャー，ソーシャルワーカー，看護師，栄養士，施設長・管理課長と多職種で行う施設が多かった。

◻ エンド・ケアのプランについて

　プラン（ケアプラン，介護プラン等）はケアマネジャーが立案している施設が多かったが，担当介護職や相談員が立案している施設もみられた。

　プランの内容は本人・家族が「希望・願いを反映させる」プランや，入居時から看取りを見据え，エンド・ケアを特別のこととととらえない「日々の介護の延長上にエンド・ケアをとらえる」プランが立案されていた。

◻ グリーフケアについて

　遺族へのケア（看取り後の訪問，手紙等）は，特養職員が遺族の自宅に「訪問する」ことや，「手紙等を送る」ケアが行われていた。また，彼岸やお盆の時期に「施設で供養を行う」や，エンド・ケア終了後に自発的に「遺族のボランティア参加」が行われている施設もみられた。また，退所時や告別式で特養職員が作成した色紙やアルバムを渡すケア等々が行われていた。

　職員が葬儀や通夜に参列するかについては，施設の代表者や希望する職員が「参加する」施設が多かった。家族への配慮から「参加しない」方針の施設もみられた。

　デスカンファレンスは，エンド・ケア終了後なるべく1週間以内に「行う」とした施設が多かった。

　デスカンファレンスの内容は，エンド・ケアを「振り返り，次につなげる」ことを目的としていた。デスカンファレンスは介護職の思いや「看取ることができてよかった」という思いを吐き出す場ともなっていた。デスカンファレンスを「行わない」方針の施設でも，日常業務の中でエンド・ケアの反省点や今後の改善策を検討していた。

◻ 死別後のケア評価について

　エンド・ケア終了後，本人・家族に対する職員のケア評価を「行う」とした施設は，アンケートや話し合いを持つことで行っていた。明確な評価基準を設けている施設はなかったが，評価の内容を整理し，記載できる記録様式を整えている施設がみられた。ケア評価を「行わない」とした施設でも，エンド・ケア終了後の家族からの言葉を評価としていた。

　ケアに対する本人・家族による評価は，おおむね家族から「特養で看取ってもらってよ

かった」等肯定的な発言がほとんどであり，家族は特養でのエンド・ケアに「基本的に満足」と評価していた。職員も，エンド・ケアを開始した頃は，不安の訴えが強かったが，振り返りの中で最期までケアできた満足感を語る職員が多く「基本的に満足」していると評価していた。

◻ エンド・ケアについてとくに大切にしていること

ケアを行う上で大切にしていることとして，エンド・ケアを特別なものととらえず，生活の一部として死をとらえる「日常の継続」がもっとも多く挙げられた。また，本人・家族にかける言葉の選択や気配りを行うことや，アロマセラピーや花を飾るなど「安心できる環境を整える」ことに重点を置く施設が多かった。また，医療面でのケアも重要となることから看護師のオンコール体制や協力病院との連携等，医療対応を含めての環境作りを重視している施設もみられた。

以上，各特養とも，さまざまな課題に対して，限られた資源の中で工夫し，住み慣れた環境で豊かな最期の時間を過ごせるように職員が一丸となっていた。これにより，各職員が団結することで特養での豊かなエンド・ケアが実現するのではないかと考える。

2　介護老人保健施設におけるエンドオブライフ・ケア

◻ 介護老人保健施設における意義

介護老人保健施設（以下，老健）は，入院は必要としないが在宅で生活を続ける上でリハビリテーションや看護・介護を必要とする要介護者が，入所する施設である。老健には，医師や看護師，介護職，介護支援専門員，リハビリテーション職員，相談員等のさまざまな職員が配置されている。高齢化が進む現在において，老健は，ただ単に病院と在宅とを結ぶ中間施設という役割だけでなく，広い意味での在宅支援が求められている。その一つが施設における看取りである。

筆者の勤務する老健では2006年に施設での看取りを開始し，これまでの9年間で約159例（2015年6月現在）の看取りを経験してきた。そのきっかけは，日々のケアの延長線上に必然的に訪れる高齢者のエンドオブライフ・ケア（以下，エンド・ケア）を，治療を目的とする病院でなく，生活の場としてなじみのある施設において我々が継続して提供することこそ，利用者にとって幸せな最期が送れるのではないかと判断したからである。当老健では，医師，看護師をはじめ多くの職種が協働してエンド・ケアに取り組んでいる。また，ケアを行う時には，「本人と家族の意思を最大限に尊重すること」「残された命，暮らし，時間を家族と共に，安心して，安楽に過ごすことができるように支援すること」「最期まで穏やかに，これまでの当たり前の生活が維持できるように支援すること」を心掛けている。ここで，当老健でエンド・ケアを行い，看取った代表的事例について紹介する。

事例の概要

Aさん，90歳台後半，女性。大腸がん，脳梗塞，慢性閉塞性肺疾患（COPD）をもち，70歳からCOPDのため在宅酸素療法（HOT）を開始していた。75歳の時，軽い脳梗塞を発症し，左手足に軽い麻痺が生じた。80歳の時，夫に先立たれ，長男夫婦と3人暮らしとなり，通所リハビリテーションに通いながら，在宅生活を続けていた。90歳の時，肺炎を引き起こし，入院した後は，当老健のショートステイを利用していた。93歳の時，精査の結果，大腸がんが発見され，医師からは，手術をしなければ余命1か月と告げられた。Aさんは手術を受けたくないと話していたが，家族と相談した結果手術を受けた。術後はストーマ管理が必要で家族も不安なため直接自宅へ退院せず，なじみの職員がいる当老健へ入所した。Aさんは徐々にストーマのある生活に慣れ，以前と同様の生活ができるようになり，入所3か月後，自宅へ退所できた。在宅復帰後は，当老健のショートステイを利用しながら在宅生活をしていた。

エンド・ケア開始から死亡までの経過

自宅に帰り半年経った頃，Aさんは食欲が低下し，下腹部のストーマ周辺が脹れ，痛みを訴えるようになった。総合病院でがんの再発と周辺臓器への転移が確認された。医師から病状説明を受け，本人は手術を希望しなかった。家族も，今回は，本人の意思を尊重したいと手術をしないことに合意した。それから半月後，ショートステイのために来所された時，少し疲れているように見えた。食事は，食堂に出てくることは困難で，居室で食べるのが精いっぱいであった。

さらに体温39℃台の発熱がみられ，呼吸苦と腹部の強い痛みを訴えた。施設医師より酸素投与，点滴治療が開始され，強い痛みには麻薬が使用された。また，家族に本人の容態等の説明がなされ，家族はなじみの職員がいる当老健での看取りを希望した。翌日，Aさんは解熱し，呼吸状態は落ち着き，容態は落ち着いたかに見えた。

その後，職員は家族と一緒に，一丸となってエンド・ケアを実施した。数日後，明け方，血圧が低下し，脈も弱くなった。呼吸が次第にゆっくりと浅くなり，家族と職員に見守られる中，眠るように永眠した。家族からは感謝の言葉が寄せられた。

この事例のケアにおいて，介護支援専門員，看護師，介護福祉士，相談員などの職種がどのような関わりをしたか，エンド・ケアの時期別（開始期，小康期，臨死期）に，説明する。

介護支援専門員（ケアマネジャー）

① 開始期：施設におけるエンド・ケアプラン

本人の意思を尊重し，本人の意向をケアプランに反映させるため，ケアプランの作成を行う。本人や家族の希望は，最初からすぐに引き出せるものではない。今までの生活状況から，大切にしてきたことや価値観を確認しながら，どう過ごしたいかをプランに表現し

ていくことがポイントとなる。Aさんは，徐々に体力・身体機能が低下し，その日の体調に合わせて，身体を動かす方法や機会を統一していく必要があった。ケアマネジャーは在宅での様子や家族の状況を情報収集し，かつ，それぞれの専門職がその能力を生かして，施設ではどのように動いたらよいか調整を図った。

②　小康期：本人と家族が有意義に過ごせるためのプランニング

病状も安定し施設での生活に慣れている時期。ケアプランに基づき，多職種が連携しながらケアを統一することで，本人と家族が安心して過ごせる時間を確保した。またこの時期は，徐々に家族が死を受容できるよう準備教育を行う時期でもある。今回の事例では，Aさんの施設での状況を，家族に伝える中で，今後さらに状態が悪化したときはどうするのか家族に情報提供した。また，繰り返し本人・家族の意向とケア内容を確認し，不安に耳を傾けることに努めた。そして，家族が安心して介護できるように，家族の不安を聞き，必要な家族指導の機会を設け，急変時の対応について確認していった。

③　臨死期：最期の時期を本人らしく結べるようにプランニング

この時期は，すでに本人の意思表示が困難な場合が多い。ケアプランを作成する際は，これまでに生活の中で感じ取れた本人の性格や好み，その時々の表情や反応からニーズを推察し，また，家族からも情報を聞き取り，ケアプランに反映させていく。本人の状態が悪化していく中でも，家族が寄り添える時間を作り，家族を支えることが重要である。今回の事例では，清潔のケアを家族と一緒に行うことで，本人と家族が触れ合える機会を多く持てるように計画を立てた。また，現場職員には，看取りの最終段階であることを意識付けした。

☐ 看護師

①　開始期：介護職の相談を受け，一緒に生活援助，苦痛緩和の医療実施

介護職は，死にゆく利用者に対してどのように援助したらよいか常に不安が付きまとう。当施設では，看護師は介護職と分け隔てなく一緒にケアを行い，状態が悪化した時にはすみやかに医師の指示に基づき必要な医療を提供する。このことで介護職の不安を軽減させている。今回の事例では，お風呂が好きな利用者であったため全身状態を確認し，ストーマ管理を行い利用者が安心して入浴できるようにした。

②　小康期：安定期間を維持するための全身管理と苦痛緩和

Aさんが安心して過ごせるように訪室回数を増やし，声をかけるようにした。そのなかで，バイタルサインをチェックし，呼吸が安楽な体位をとったり，腹部の痛みを緩和するために服薬を調整したりした。そして，状態が安定している時は少しでも家族との団らんが持てるように配慮した。また，本人が訴える腹部の痛みや呼吸苦について，普段関わる介護職に，その苦痛の原因や対応の方法について，説明し指導した。とくに，夜勤に入る介護職が不安にならないように，日勤のうちに苦痛を緩和するように努めた。

③　臨死期：トータルペインの緩和と死を迎える準備と対応

呼吸苦の訴えや疼痛の訴えに対して，医師の指示のもと酸素吸入や麻薬管理を行った。

苦しみや痛みの中には身体だけではなく，こころの痛みを含めた，トータルペインのアセスメントを行い，介護職に伝達した。そのことにより，反応が乏しくなっても，職員はそばに寄り添い，手を握り，声を掛けたり，落ち着いた環境で過ごせるよう，思い出の写真を飾ったり，なじみの環境を整え，本人・家族が安心感を持てるようにした。今回の事例は，夜勤帯の看取りだったため普段の夜勤体制に加えて，オンコール体制を取り人数の少ない夜間帯でも看護師を追加しケアが手厚くなるような体制を整えた。

☐ 介護福祉士
① 開始期：ケアマネジャーのプランや看護師のアドバイスにより，不安なくケアを開始

Aさんの毎日のエンド・ケアを担うという覚悟を決め，日々限られた時間でていねいなケアを実践した。ケアの際，不安を感じるときには看護師と一緒にケアを行うなどした。食事の際は，覚醒状態をみて嚥下機能に合わせた食べ物を準備し，食事介助を実施した。食事介助中に異常があればすぐに看護師に報告するようにした。口腔ケアを行い口腔内を清潔に保てるよう心掛けた。入浴は，本人の容態を確認しながら介助した。排泄ケアでは，おむつを使用していたため最期まで皮膚の清潔が保てるように努めた。

② 小康期：ケア実践をしながら本人のニーズをくみ取るコミュニケーションの工夫

当施設では，ケアする際は，①安心を生む声掛け，②目線を合わせる，③ひと声掛けてから行動する，の3つを常に意識し実践するようにしている。Aさんの不安を和らげるためにも，そばに寄り添い，ゆっくりと安心できる声掛けをすると，Aさんは笑顔で答えてくれた。

Aさんが夜間不安になり，家族の名前を呼びながら廊下に出てきたことがあった。そのときには，温かいお茶を提供し，隣に座り話を傾聴した。体が冷えていたため，湯たんぽを足元に入れ，毛布を掛けて体を保温すると，「温まってきたからもういいよ」と話され，暫く手を握っていたら，そのまま入眠されたため側を離れた。また，訪室回数を増やしたり，家族へ電話を掛け直接家族と会話できるようにした。この時期は，精神的に不安定になることがあるので，できるだけ本人のニーズを把握し，それを満たすように関わった。

③ 臨死期：容態が変化した時の対応を適切に実施

この時期は，急変や徐々に悪化する症状に合わせ，各専門職へ利用者の容態を伝達し，速やかに対応することが必要である。側にいることの多い介護職は，看護師の指導のもと，訪室時には，バイタルサインはもちろん，全身観察から表情の変化といった，小さな変化も見逃さないよう注意した。環境面では，居室に簡易ベッドを設置し，家族が泊まることも可能であることを伝え，本人と家族が最期の時を寄り添い，穏やかに過ごせるよう心掛けた。

☐ 相談員
① 開始期：本人・家族の意向を確認し，今後どのように生活していきたいか相談する

施設での看取りについて説明を行い，わからないことがあれば，いつでも相談できるようにする。本人の状態について各専門職からの情報を元に見極め，本人が安心して自宅に帰れるよう，必要ならば住居改修や福祉用具のレンタル等，家の環境を整え，金銭面についても配慮しつつ，居宅ケアプランを準備していた。

② 小康期：本人・家族と施設職員をつなぎ，安定期を有意義に過ごせるように支援する

相談員には，本人・家族と施設職員をつなぐ役割がある。本人・家族から，施設でしてほしいことを聞き出し，その意向を施設職員に伝え，双方の違いを埋める働きを有する。施設職員には，自宅での生活の様子を伝えることで，できるかぎり施設において，その人らしく生活できるように配慮する。

③ 臨死期：本人と家族の揺れ動く思いを支え，本人の権利を守る

最期まで本人と家族の思いは揺れ動く。本人は，家で最期を迎えたいと思う一方で，家族は本人に家で最期を迎えさせたいと思いながらも，介護力がないことから在宅で看取ることは困難であると悩む。相談員は，そのような場合，両者の間に入り，本人の気持ちを代弁し，本人と家族の思いをすり合わせていく役割を持つ。

☐ その他の関わり

① 家族会

当施設では，家族会を2か月に1度，1回約2時間，併設病院内の講堂で開催している。その内容は，医師などの専門職の講演，利用者家族の体験談，家族と施設職員のディスカッションの3部構成で実施している。その1つである「専門職の講演」の中では，毎年「老健での看取り」について，講演を行っている。家族会では，家族に普段話しにくい看取りについて話しあう場を提供し，家族同士が相互援助できる機会を作るのに役立っている。

② デスカンファレンス

デスカンファレンスでは，利用者の不安や苦痛を最小限にして，その人らしい最期が迎えられたかなどについて，職員同士が話し合い，これまでの自分たちの行ってきたケアを振り返ることで，ケアを見つめ直し，より良いケアにつなげることが期待できる。また，看取りは，関わった施設職員にとっても大変なストレスになるため，デスカンファレンスを行うことにより，こうした職員の気持ちの整理にもつながる。

③ グリーフケア

家族は，死を予期したときから，悲嘆の過程をたどると言われている。職員は，そんな家族の悲しみに寄り添いながら，これまで本人と家族が一緒に歩んできた時間を振り返り，それをねぎらい，最期の時にこれまでの関わりに納得感が得られるよう努めることが重要である。当施設では，亡くなった後に，利用者宅に伺い，花を供え，手を合わせ，本人との思い出を語りながら，家族が今回の看取りに納得感を感じられるように声掛けを行っている。今回の事例では，長女より，「本人は嫌がっていたけれど，医師から手術しなけれ

ばあと1か月の命と言われたときは家族全員でとても悩んだ。再発がわかったときには，ショックであったが，医師から痛みや苦しみは，取り除くことができると言われ安心できた。最期は本人の希望通り慣れ親しんだ施設で亡くなることができてよかった。最期を迎える前に，家族全員に会うことができて，葬儀でも笑顔でお別れできた」と感謝の意が聞かれた。その際，職員から家族に対して，Aさんは，手術を受けてからの半年間を家族と共に一緒に過ごせて，大変喜んでいたことを伝えた。そして，最初の手術をするという選択は間違っていなかったと，家族の意思決定を支持した。家族は「そうですね。」と涙を流しながら話された。今回のグリーフケアでは，生死を左右する重要な意思決定を行わなければならなかった家族の苦悩を受け止め，家族が看取りを前向きにとらえられるようにサポートした。

◻ 老健でのエンド・ケアの大切なこと

老健を利用する高齢者は，在宅と施設を行き来する中で，自分の人生を統合していく。日常生活を重視した環境で，生活の質を優先にした多職種協働の医療・介護サービスを提供する老健でのエンド・ケアは，日々実践しているケアの延長線上にあり，特別なことをするわけではない。より良いエンド・ケアの実現には，本人・家族，施設が同じチームの一員となり，よく話し合い，目標を共有していくことが重要と考える。

③ 療養型医療施設におけるエンドオブライフ・ケア

◻ 療養型医療施設の特徴

この施設は治療・療養上の管理，看護など医学的管理のもとで，介護サービスや日常生活支援などを受けられるという特性を持つ。施設の中でも医師の指示をいつでも受けることができ，医療処置もできる環境にある。その反面，医療中心のケアに偏り，本人に向き合うことがおろそかになりがちである。今回，医学的管理のもとで多職種により日々葛藤しながらも最期までその人の生活を支えたエンドオブライフ・ケア（以下，エンド・ケア）の事例を紹介する。

◻ 事例の概要

Iさん，70歳台後半男性。妻と2人暮らし。長男，長女，次女は同市内で生活。40歳代後半で狭心症，70歳で間質性肺炎の診断を受け，急性期病院に通院していた。2年前，右下葉肺がん（23mm）を合併し告知を受けたが，手術，放射線治療，抗がん剤治療ができない状態であると説明された。同時期より間質性肺炎の急性増悪で2度の入退院を繰り返し，副腎皮質ホルモンの大量療法（ステロイドパルス療法）や免疫抑制剤の投与や，呼吸不全悪化のためNIPPV（非侵襲的陽圧換気療法）を行った。入院期間中に四肢筋力低下が

著明となり，廃用症候群にて 1 か月間のリハビリ入院。その後 7 月下旬からは訪問看護を週 2 回利用し自宅で生活していた。HOT（在宅酸素療法）安静時 2 ℓ / 分，労作時（歩行・入浴）3 ℓ / 分で生活していたが，労作時に息切れと疲労感が強かった。9 月には肺炎で再入院している。今回は第 2 腰椎圧迫骨折による痛みと体動困難のため，10 月下旬に入院となった。

医学的判断と今後の経過予測

看護師は，I さんは副腎皮質ホルモンの大量療法により，副作用として易感染状態にあるほか，骨粗鬆症が進行すると新たな骨折のリスクをもつ，また，肺がんが積極的治療できない状態まで進行しており近い将来の死は避けられない状態と判断した。

死に至る疾患の病の経過を類型化したものを前出の図 2-1 に示したように，悪性腫瘍の経過と慢性疾患の経過は異なる。複数の疾患をもつ I さんは今後どういった軌跡をたどるのか，予測は困難な状況であった。入院時の治療方針は，残りの時間を再度自宅での生活が継続できるようにするために，腰椎圧迫骨折に対する疼痛緩和と機能維持を目的としたリハビリテーションであった。

身体状態に合わせたリハビリテーションの継続

入院後は腰痛に対し鎮痛剤（アセトアミノフェン，ロキソニン）を定期的に服用しながら，理学療法と作業療法が開始された。11 月下旬には，排泄は軽介助でポータブルトイレ使用，約 1 時間の車いす乗車も可能となり食堂で食事摂取ができるようになった。

ところが 12 月の胸部 CT 検査の結果，肺がんは 50 mm に増大，右胸部痛の出現があり医療用麻薬デュロテップパッチ MT（2.1mg）の使用が開始された。また間質性肺炎による呼吸不全もあり，酸素吸入量は安静時 3 ℓ / 分，労作時 4 ℓ / 分に増量され呼吸困難感は増強していた。そのため，積極的なリハビリテーションは行えず，呼吸状態が落ち着くまではベッド上での関節拘縮予防を中心とした内容に変更，状態の改善に合わせ少しずつ離床を促すことをリハビリテーションカンファレンスで話し合った。

エンド・ケアが必要な対象であることの認識

翌年 1 月，I さんより看護師やリハビリテーションスタッフに「入院してから悪くなるばっかりで，胸も苦しくなるし，腰だって全然良くならない」と身体的・精神的苦痛を訴えることが増えていった。リハビリテーション効果もなく ADL・活動量は徐々に低下し，排泄もおむつ内でするようになった。生理的老化現象に加えて，複数の疾患やそれらに対し多くの薬を服用したり，心理社会的ストレスが加わることによって，高齢者の心身全体が虚弱化することで，新たな病気にかかりやすくなったり，身の回りのことができなくなったりという健康上の悪いイベント（病気，機能低下等）を引き起こしやすくなり，虚弱化は進行する。エンド期にある高齢者からは予後の予測につながる有効な身体徴候を特定することは難しいが，日常生活におけるささいな変化から虚弱化の進行に気づくことが

重要である。Iさんは，この時エンド・ケア開始の段階にあると筆者ら職員は認識するようになった。主治医から今後はリハビリテーションではなく症状緩和ケアを主体としたケアへの変更について説明が行われた。

☐ 残された期間の生活の質（QOL）を再考する

日本老年医学会は「立場表明2012」(3)のなかで「最善の医療およびケア」とは必ずしも最新もしくは高度の医療やケアの技術のすべてを注ぎ込むことを意味するものではなく，とくに高齢者においては，個人差が大きいこと，臓器の潜在的な機能不全が存在することなどの高齢者の特性に配慮した，過少でも過剰でもない適切な医療，および残された期間の生活の質（QOL）を大切にする医療およびケアであると考えられるとしている。エンド期では，できる限り苦痛症状の緩和に努めるが，Iさんの背景を踏まえて，過少もしくは過剰な医療が逆に本人を苦しめることにならないよう，また残された期間の生活の質（QOL）を高められるよう多職種でIさんにとっての最善の医療を判断することが求められる。エンド期に提供される医療行為は総称して終末期医療といわれ，代表的なものに酸素吸入，抗生物質・モルヒネ投与などがある。一方，医療技術の発展に伴い心肺機能や栄養の持続的な補強を行うことで生命の維持をはかる高度な医療行為は，総称して延命医療といわれ，代表的なものに人工呼吸器の使用，中心静脈栄養法，心臓マッサージ，経管栄養などがある(4)。

Iさんの場合，間質性肺炎による呼吸困難感，肺がんの胸膜への浸潤による胸痛，腰椎圧迫骨折による腰痛などの身体的苦痛症状の緩和を目的に酸素吸入，抗生物質投与，医療用麻薬の使用がすでに行われていた。食事が十分に摂れず，500mℓ／日の末梢点滴も行っていた。また，延命医療としてこれまでの経過の中で間質性肺炎の急性増悪による呼吸不全時に使用した経験から，入院時点ではNIPPVを希望する意思を示していた。しかし，意思は状況によって変わる，あるいは揺れるということを知っておかなければならない(5)。状態の変化に応じて，延命医療の開始・不開始についてその都度確認し，Iさんの意思を尊重したケアをする必要があった。

☐ 積極的治療の希望と，治療の限界の間での苦悩

Iさんの痛みは徐々に増強し，「手術して完全に痛みをとりたい。手術して何かあっても仕方ないと思っている」と看護師に話し，できないとわかっていても言わずにはいられないやり場のない感情を表出し涙を流すこともあった。見ていられなくなった家族から，「他に肺がんの治療法はないのでしょうか。腰痛に，硬膜外ブロックはできないでしょうか」と，インターネットで調べすがるような思いで主治医に訴えがあった。医師と看護師のカンファレンスでは，現段階での治療について検討した。だが，振り返ってみれば，痛みのコントロールの手段について，より積極的に議論する必要があった。

第Ⅲ部　これからのエンドオブライフ・ケア

☐ 終末期医療をどこで受けるか

　Ｉさんは「病院にいると天井見ているだけで気持ちが落ち込んでしまうけど，家に帰ったら精神的にも違うのではないかと思っている」と自宅療養を希望する意向を話した。しかし，家族はわずかでも改善の可能性があるなら少しでも治療を受けさせてあげたいという気持ちがあり，入院の継続を望んでいた。

　在宅ケアを可能にする必須条件には①患者自身が強く在宅を希望すること，②家族が納得し受容すること，③医療や看護のサポートがあること，の３つが挙げられている[6]。Ｉさんの場合，主介護者である妻の受容ができておらず，自宅療養は難しいと判断し入院を継続することとなった。こういったケースでは，本人や家族への説明，意思確認は早くから行う必要がある。

☐ 身体的苦痛の強かった便秘へのケア

　医療用麻薬の副作用に伴う薬剤による便秘，及びADL・活動量の低下や，痛み・呼吸苦から十分な腹圧がかけられないことによる機能性便秘で，入院以前からの排便習慣も影響し腹部不快にも苦しむことになった。機能性便秘の中でも，弛緩性便秘と直腸性便秘が考えられ，緩下剤や刺激性下剤の服薬に加え，坐剤・浣腸の使用，摘便も必要としていた。しかし摘便のケア行為による苦痛が強かったため，摘便をせず排便できることを目標に，薬剤師や管理栄養士も交え下剤の内容・量の調整とともに，水分量や食物繊維量の見直しなど食事内容による工夫を検討した。緩下剤の増量と，Ｉさんの嗜好や摂取しやすさも考慮し食品補助として食物繊維の多い野菜ジュースを毎食100mℓつけ，水分量と繊維量の増量を行い対応した。その結果，便秘への苦痛は改善された。

☐ Ｉさんを理解する

　Ｉさんは，タイル工事の仕事を50年間自営でやっていた。仕事一筋で，家族のために仕事に一生懸命な人だったと妻は言う。人と集まって賑やかにお酒を飲み，お風呂が好きで出かけた先で日帰り温泉に入るのが楽しみだった。家族思いの夫に，妻は恩返ししたいといつも献身的に付き添っていた。

　２月頃より「立ちあがりたい。手すりにつかまれば５〜10分歩ける」と，急に離床に対する意欲的な言葉が多く聞かれるようになった。この変化を看護師，介護福祉士，リハビリテーションスタッフは敏感に受け止め，Ｉさんの言動を注意深く観察するようにした。数日後「入院する前は酸素を持って歩けていたのに，病院に来てからどんどん悪くなっていく。あれもダメ，これもダメでいやになる」と看護師に強く感情をぶつけた。この頃，端座位時酸素５ℓ/分でSpO_2（酸素飽和度）88〜91％，HR（心拍数）120回/分台と心負荷が強く，５分以上の座位保持は困難になっていた。これまで大切な守るべき存在である家族のために在り続けた自分が，生活の全般において他者の援助を必要とするようになり，情けない気持ちでいっぱいになっているのではないかと看護師間でアセスメントした。

第13章　各施設と地域をつなぐエンドオブライフ・ケアの実際

◻ 多職種チームアプローチ

　Ｉさんは臥床時間が長くなっていたが，本人が希望した時に無理のない範囲で端座位をとってみることや，リハビリテーションの時間に合わせ看護師も共にリクライニング式車いすへの移乗を介助し，乗車中のSpO$_2$の変動を観察，体に負担のない離床時間の目安を決めることとした。

　看護師は，これまでＩさんから離床希望があっても，痛みや呼吸不全による心負荷に対し慎重になっており，それを拒否するようになっていた。しかし，Ｉさんの気持ちを受けとめ，どうすればＩさんに負担がなく望むケアの提供ができるかに視点が向くようになった。たった1分の離床でも「よかったよ」と満足の言葉がＩさんから聞かれることで，家族と喜びを分かち合うこともできた。理学療法士，作業療法士は，積極的に看護師にその日のＩさんの様子を聞き，臨機応変にリハビリテーションメニューを変えることが多くなった。さらに，リクライニング式車いすへの乗車が徐々に安定してきたのを機に，家族の協力のもと外出して自宅に帰宅することもできた。「病院ではウトウトすることも多いのに，ずっと起きていた」と家族も笑顔を見せてくれた。

◻ 病状の進行と抑うつ症状の出現

　2月中旬より背骨の痛みを新たに訴えるようになる。胸部CTの結果，肺がんの増大に加え，胸椎第5・7・11圧迫骨折の所見も見られた。Ｉさんから「体中よくならないし，もうあきらめた。十分生きたし，もういいよ。もう死んだ方がましだ」と抑うつ的な言葉が聞かれるようになっていた。Ｉさんの抑うつの原因・誘因には，全身の痛みや呼吸困難などの苦痛症状が関連しており，身体的苦痛の緩和がもっとも必要とされていた。しかし，エンド期には症状緩和が難しいケースもある。Ｉさんも医療を施すことで他の身体症状を起こすリスクを高めるといった状況にあった。

　このような状況にあっても，安心感を与えることや安心して療養できる環境調整などのケアは可能である。エンド・ケアで活用できる基本的なコミュニケーション技術には，傾聴・共感・沈黙・共にいること・タッチ等があり，Ｉさんの思いをゆっくり受容的に傾聴する機会を持ち，家族が付き添っていない時に不安が強まっていたため，その時にはそばにいる時間をつくり精神的な安寧のため温かい声掛けを心がけた。また，安らぎの感じられる環境や時間をつくるために，Ｉさんの好きな入浴の援助を痛みや呼吸苦が増強しないよう努めながらできる限り継続した。面会時間にも配慮し家族との時間を十分持てるようにした。さらに，呼吸苦のため常にベッドをギャッジアップした体位で過ごしていたが，新たな苦痛をつくり不安や抑うつが増強しないよう，体位の交換を行った。

◻ 死の準備と家族の葛藤への寄り添い

　3月下旬より，しだいにＩさんは食事を摂らなくなり，目を閉じている時間が長くなった。声を掛けると開眼するものの，目に力がなく単語での返答やうなずきのみの返答が増え，自発的な体動は見られなくなった。自分の死を悟るように「もう命は長くない」と

そっと妻に話したという。日に日に衰弱する様子を見て家族はIさんの死が近づきつつあることを察知し覚悟を始めている様子であった。

4月中旬，主治医から予後は日数単位だろうと説明された。この時再度延命医療に関する意思を確認すると，NIPPVを含め家族からは延命医療を希望しないという意思が表示された。それに対して看護師からは，今後起こりうる身体的変化，呼吸の変化などが説明された。

妻は傾眠状態について「本当は話をしたい。でも起きて"痛い，痛い"と言っているのを見るのは辛い。こうやって休めているほうがいい」と時々涙を流しながら話してくれた。その一方で，「貼り薬（医療麻薬）の交換を4日（通常3日）に1度の交換にすれば，もう少し意識がはっきりするのでは」と，本当は以前のように会話したいという淋しい気持ちと葛藤を表現していた。葛藤しながら看取りに向けた心の準備をしようとしている家族の姿を見守りつつ，今後も悲しみや辛さを表出していいこと，辛い時は看護師が話を伺うことができることを家族に伝え，最期まで家族の気持ちに寄り添い続けることをチームで共有した。

◻ 最期より振り返って

最期の数日間は夜間も家族が交代で付き添っていた。5月上旬，人生最後の約6か月半を病院で過ごされたのち永眠された。妻，長男がエンゼルケアに参加した。

この事例により，本人・家族の気持ちを理解しようと真摯に向き合うこと，何があっても共にいて，寄り添い続けることの大切さを学んだ。

❹ グループホームにおけるエンドオブライフ・ケア

◻ グループホームでのエンドオブライフ・ケアの特徴

認知症対応型共同生活介護（以下，グループホーム）は認知症の利用者（5～9人）が一つの共同生活住居で，介護スタッフとともに生活を営む家である。また，利用者が可能な限り自立した日常生活を送ることができるよう，家庭的な環境と地域住民との交流の下で，食事や入浴などの日常生活上の支援や，機能訓練などのサービスの提供をしている。しかし，利用者は長い生活の経過のなかで，認知症のレベルが重度化し，エンド期を迎える者も少なくない。

近年，看取りを行うグループホームは増加している。利用者は今まで生活してきたホームで，馴染みの職員や利用者に囲まれ，無意味な医療処置を受けることなく，エンド期を迎えることが利点といえる。一方で，グループホームには医師はもちろんいないが，看護師も常駐しているとは限らない。職員は主に介護職である。そのなかで，往診医・訪問看護と連携をとりながら，家族も含めた話し合いを何度も持ち，利用者のその人らしい最期

を迎えられるよう日々関わっている。
　グループホームにおいて，実際に行われたエンドオブライフ・ケア（以下，エンド・ケア）の事例を挙げながら，その特徴と，今後の課題などについて考える。

事例の概要
①　Ａさんの場合
　Ａさん，90歳台後半，女性。胃がん，入所期間は３年８か月，要介護４。歩行の不安定，便失禁，嘔吐をきっかけに，体調の変化が出現した。年齢を考慮し負担のかかる検査は見合わせていたが，消化管出血の疑いがあり，胃カメラを実施したところ，胃がんが発見される。家族の「住み慣れたグループホームで最期までお願いしたい」という希望のもと，主治医・家族・スタッフの話し合いにより，４か月のエンド・ケアが開始となる。

②　Ｂさんの場合
　Ｂさん，90歳台前半，女性。乳がん再発，入所期間は３か月，要介護４。乳がんの再発により緩和ケア病棟に入院していた。状態は落ち着くが，家族の都合により自宅での療養は難しく，グループホームへの入所となる。徐々に食事量の低下，下肢の浮腫，息切れがみられるようになり，受診により胸水の貯留が認められた。主治医・家族・スタッフでの話し合いにより，１か月半のエンド・ケアが開始となる。

③　Ｃさんの場合
　Ｃさん，90歳台前半，女性。脳梗塞，胆管閉塞，入所期間は10年９か月，要介護５。月日の経過とともに，認知症も進行していた。転倒し大腿骨骨折後，歩行困難となり活気も低下する。亡くなる８か月くらい前より，下痢と嘔吐が出現し，傾眠傾向となる。家族とスタッフで月に１度今後についての確認を行っていた。家族からは，「病院には行かず，できる限りここでお願いしたい」という希望があった。その後，発熱と激しい下痢・嘔吐のため，検査を実施したところ，胆管閉塞の診断があり，２週間のエンド・ケアが開始となる。

④　Ｄさんの場合
　Ｄさん，90歳台前半，男性。糖尿病，入所期間は７か月，要介護４。妻が他界後娘の自宅近くの高齢者専用賃貸住宅で暮らしていた。その間，骨折や消化器疾患を発症し介護老人保健施設に入所する。家族の「家庭的な環境で過ごしてもらいたい」という希望のもと，グループホームへ入所となっていた。Ｄさんは，糖尿病があり，インスリン注射が必要であった。グループホームには小規模多機能施設が併設されていたため，そこの看護師の協力を得て注射を行っていた。
　亡くなる３か月前頃より，誤嚥性と考えられる肺炎をたびたび繰り返し，徐々に体力が低下し始める。この時期が，実質的なエンド・ケアの開始となった。

ケアの実際
①　Ａさんへのエンド・ケア
　嘔吐がありながらも食事に対するＡさんの意欲は強く，主治医と相談しながら，少量

ずつ摂取していた。排泄は，本人の希望で亡くなる前日まで，失禁なくトイレへ行くことができた。入浴も，訪問看護を利用し亡くなる3日前まで楽しんだ。家族は面会の回数を増やし，また月に一度数日間長女がグループホームに宿泊するなどし，最期の時間を大切に過ごした。

一時期，夜間に「おっかさん」と叫び，助けを求める日々が続き，Aさんのそばで，寂しさを受け止めることが夜勤スタッフの仕事となっていた。睡眠薬の使用も検討し使用したこともあったが，翌朝の覚醒が悪く，即中止となった。スタッフはAさんの体力的にも夜間の睡眠を確保したい一方で，「おっかさん」で表されるAさんの寂しさの表出を奪ってしまっていいのかと悩み苦しんだ。

Aさんをグループホームで看取ることを決めて以降，スタッフはAさんの最期をどのようにサポートしたらよいか悩んでいた。しかし，Aさんは今まで通りの生活を望み，スタッフも特別なことはせず今まで通りを続けることでよいのだと気付いた。

② Bさんへのエンド・ケア

胸水の貯留により徐々に呼吸困難が出現したため，在宅酸素療法が開始となった。乳がんの皮膚浸潤に対しては，訪問看護師とともに，ドレッシング剤を使用した対応をとっていた。日常の生活は，Bさんが孤立しないようにホールにベッドを設置し，他利用者と関わりを持ち続けた。食欲が低下するBさんが何ならおいしく食べられるのかを，スタッフ全員で考え，食事の時間が苦痛の時間とならないような支援を心がけた。入浴は亡くなる前日まで実施し，トイレは本人の希望で亡くなる4時間前まで行うことができた。

なかなか面会に来ることができない家族に対して，スタッフから日々の状態を毎日電話で伝えた。緩和ケア病棟の医師が主治医となり，随時往診体制を整えることができた。

③ Cさんへのエンド・ケア

胆管閉塞の診断後，内科的治療により一時的に食事もとれるようになる。しかし徐々に高熱と下痢が続くようになり，経口で水分を少量摂取するのみとなった。このような状態が2日間続き，家族に見守られた最期となった。

胆管閉塞という病状のため，高熱や下痢といった急激な症状が短期間で，目まぐるしく変化していく状態であった。Cさんの場合は，10年という長期間にわたる信頼関係から，家族，スタッフ，主治医とが，Cさんにとって一番良い最期を迎えてあげたいという思いを一致させ，急激な状態変化にも，緊急入院することなくグループホームでの最期を迎えることを可能にさせた。

④ Dさんへのエンド・ケア

徐々に自室で横になっている時間が長くなっていった。痰がらみが増え，併設の小規模多機能の看護師による吸引が頻繁となる。隣の施設に看護師がいたため，吸引を依頼することができたが，痰が詰まってしまうのではないかという介護職の不安は大きいものがあった。

献身的な家族，多くのスタッフに見守られての最期となり，仲良くしていた利用者も出棺を見送ることができた。

グループホームでのエンド・ケアの特徴

① ホーム内の看護師・訪問看護師の役割・往診医との連携

自宅でのエンド・ケアには，往診医との連携は非常に重要である。医師の死亡確認を行えないため，病院へ搬送することになったり，予後の予測が不十分で，急変と判断され緊急入院するなど，自宅で最期を迎えたいと希望しても，実現できない可能性があるからである。しかし，実際に往診できる医師はまだ少なく，24時間体制を維持することは，医師の負担も大きい。

そこで，ホーム内の看護師や，訪問看護師の役割が重要となる。グループホームや小規模多機能ホームは病院ではないため，必要最小限の酸素や点滴，痛みを和らげる薬剤の使用などがほとんどである。心電図モニターや定期的に測定する血圧計など，数字で身体の状況を示してくれるものはない。看護師は，往診医と終末期の状態変化について共通理解を持ち，連絡のタイミングを決めておく必要がある。そして介護職へは，そのタイミングをさらにわかりやすく示すなど，医師と介護職の橋渡しの役割がある。また，家族へもエンド期を迎える利用者の身体的変化をていねいに説明し，家族が利用者のために最期にできること，家族がそばで見送る意味などを伝える役割を持っている。

② 看取りの経験を活かす

介護職が中心である地域密着型では，エンド・ケアにおいて介護職の不安は非常に大きい。最期を迎えようとしている利用者は，身体的にこれからどんな変化が起こるのか，利用者は今痛いのか，苦しいのか，自分に何かできることはないのか，何をすればいいのか，それがわからないからである。また，終末へと向かっていく人の変化はそれぞれで，介護職では予測が難しい。

エンド・ケアをよりよいものにしていくためには，エンド・ケアを実際に行い，看取りを行った職員それぞれの経験をていねいに振り返り，共有することが大切である。医療職との連携，家族とのやり取り，利用者への対応などを見つめなおすことで，エンド・ケアへの不安を軽減することができる。そして，その振り返りの場には，医師や看護師などの医療職が入り，経験の言語化を助け，今後への肯定的なアドバイスを行うことが重要となる。

5 小規模多機能ホームにおけるエンドオブライフ・ケア

◻ 小規模多機能ホームでのエンドオブライフ・ケアの特徴

　小規模多機能型居宅介護（以下，小規模多機能）は，在宅で暮らす高齢者が，要介護状態になっても，住み慣れた地域で可能な限り生活ができるよう，利用者の状態や希望に合わせて，通いを中心に，訪問，宿泊の3つを組み合わせて提供するサービスである。

　スタッフのうち1名以上は看護師を置く必要があるが，常勤である必要はない。その中で，宿泊で，または訪問を続け，自宅で最期を迎える利用者は増えている。利用者の状態に合わせた，3つのサービスを十分に活用し，小規模ならではの利用者の在宅生活を支えるケアが行われている。

　小規模多機能において実際に行われたエンド・ケアの事例を挙げながら，その特徴と，今後の課題などについて考える。

◻ 事例の概要

　① Eさんの場合

　Eさん，90歳台後半，女性。胃がん，大腿骨骨折，要介護5。術後，リハビリ目的もあり老健に入所していたが，「最期まで家で暮らしたい」という本人・家族の希望で，小規模多機能の利用を開始した。Eさんの生活リズムに合わせ，家族の送迎で通いを継続していたが，胃がんの進行とともに食事摂取量の減少が目立つようになった。家族，ケアマネジャー，スタッフで最後まで自宅でという希望を再確認し，エンド・ケアの開始となる。

　② Fさんの場合

　Fさん，90歳台後半，男性。転倒による脳挫傷，要介護4。転倒し脳挫傷受傷後から，認知症状が出現したため，小規模多機能の利用を開始する。2年ほど大きな変化もなくおだやかな日々を過ごしていたが，加齢による身体機能の低下と思われる嚥下機能低下が目立つようになる。誤嚥性肺炎で入退院を繰り返すが，家族の「胃ろうを造らず，自然のまま往診で見てくれる医師に切り替えたい」という希望により，小規模多機能での最期を迎えるための，エンド・ケアが開始となる。

　③ Gさんの場合

　Gさん，80歳台前半，女性。慢性腎不全（透析），要介護2。3回／週の人工透析が必要であった独居のGさんは，ケアマネジャーからの相談があり，病院の医療ソーシャルワーカーとも連携をとりながら，小規模多機能の利用が開始となった。病院の通院と訪問，短時間の通いを利用していた。

　徐々に身体機能の低下がみられ，病院側から療養型病院への入院を勧められるが，本人が強く在宅生活を望み，その意向を尊重した。家族と食事や買い物に出かけるなどの時間

を持つことができる一方で，ほとんどの時間を小規模多機能で過ごし，自宅には寝るために戻るという生活を続けていた。

④　Hさんの場合

Hさん，80歳台後半，女性。大腸がん術後脳梗塞，要介護4。独居であったHさんは，デイサービスより柔軟に利用できる小規模を希望され，利用開始となる。通いと訪問を利用し，近所の家族とともに独居を支援していた。

徐々に食事摂取量が低下し，全身状態の悪化が認められた。自宅に一人でいることが難しくなり，家族の都合に合わせながら，利用形態を変えていった。

ケアの実際

①　Eさんへのエンド・ケア

通いが中心であった利用を，体調の観察，清拭，オムツ交換などを行う訪問中心に切り替えた。主治医も往診に切り替えてもらった。徐々にタール便や腹部の痛みといった症状が出現。麻薬である貼付剤で痛みは和らいだ。

完全な在宅介護となったため，家族の疲労が蓄積し始めたため，家族の希望もあり，夜間の訪問介護を導入した。家族，スタッフの見守る中で，自宅のベッドで最期を迎えられた。

②　Fさんへのエンド・ケア

徐々に食事摂取量が減り，点滴なども行いつつ，高カロリー補助飲料や，プリンなどを少しずつ食べていた。臥床時間が長くなり，体位変換を定期的に行った。

Fさんの誕生日を家族とともにケーキで祝った約1か月後に，施設で最期を迎えられた。

③　Gさんへのエンド・ケア

通常，体調が悪くても泊りを拒んでいたGさんが，胸の苦しさを訴えその日は宿泊することとなった。夜間はスタッフとゆっくり話をするなどして過ごした。早朝に施設の管理者の声が聴きたいと希望され，電話で会話される。その後意識が低下し，救急搬送された病院で死亡が確認された。

胸の苦しさを訴えてから，亡くなるまでが1日の出来事であった。透析を行いながらも，往診医がかかりつけとしてついていれば，意識低下後にも病院への搬送を避けられた事例であった。

④　Hさんへのエンド・ケア

亡くなる1週間前に，血圧の低下などが現れる。昔からかかっていた主治医は往診ができなかったため，この時点で，往診ができる医師へ変更となった。点滴や在宅酸素を行いながら，アイスクリームなど好きなものを食べたり，感謝の言葉を話していた。小康状態が続き，家族が見守る中での最期となった。

6 サービス付き高齢者向け住宅における エンドオブライフ・ケア

◻ サービス付き高齢者向け住宅の誕生

2011年10月，高齢者住まい法（管轄：国土交通省，厚生労働省）の改正により，サービス付き高齢者向け住宅（以下，サ高住）が誕生した。サ高住とは，①バリアフリー構造で台所や水洗便所等の一定の設備があり，②ケアの専門家による安否確認や生活相談及び食事等のサービスの提供ができる，高齢者向けの住宅である。

誕生の背景には，多くの高齢者が介護者不在等の理由で自宅での生活に困難さを感じていたことが挙げられる（全国老人福祉施設協議会調査，2012年）。サ高住は2011年12月には112棟3,448戸だったのが，2015年12月には5,160棟163,160戸，と4年間で約47倍近くの伸びを示しており，急激にニーズが高まっていることがわかる。ある調査報告によるとある一定時期に居室で逝去した高齢者のいるサ高住の割合は25.3%[7]とあるが，今後もエンド・ケアのニーズは高まることが予測され，看護師が配置されていないサ高住の場合は，医師や訪問看護との連携の必要性もある。

◻ フィジカルアセスメントと健康管理

エンド期においては，身体のいつもと違う変化に気づくことが大切である。それには看護師だけでなく，もっとも身近に接している介護職の観察が重要である。ある日，「口の周りが白い」と介護職から報告があった。見た目は唇が白く汚れている程度であり枕元には嘔吐物はなかったが，痰がらみの呼吸音が確認でき，その他の状態から嘔吐と誤嚥と判断でき対処した。いつもと違う高齢者の様子を介護職から報告を受けたら，看護師はフィジカルアセスメントを行い，高齢者の苦痛をとりのぞくケアを行う必要がある。

エンド期では，点滴，胃ろう，入院等の選択をどうするか考えなくてはならないことが少なくない。病院と違って医学的治療は難しいが，今まで暮らしてきた場所となじみの人が居るサ高住で最期まで過ごしたい，と願う高齢者も多い。高齢者と関わる全員で，高齢者の歴史（生活歴，病気や治療への向き合い方，家族関係等）とそれまでの関わりを通して価値観や死生観を理解し，エンド・ケアに大切な視点である，「その人の生活に沿った必要な医療及びケアを結びつける」[8]ようにする。

◻ 訪問先のサ高住を知り連絡体制と役割を決める

職員体制（介護職員初任者研修〔旧ホームヘルパー1級2級〕：29.9%，介護福祉士：21.5%，看護師：13.2%）や設置母体（医療法人，社会福祉法人，不動産業等）など，サ高住がとる体制はさまざまである。訪問看護は，職員の人数と配置[9]，看護師がいるか，どの医師との連携をとっているか，他のサービスは導入しているか，ケアマネジャーは誰か，エンド・

ケアの経験はあるか等，訪問先のサ高住の特徴を把握する。それによってエンド・ケアを担う役割をコーディネーターが担うことも訪問看護には求められる。

エンド期における心身の変化にタイムリーな対応ができるように，サ高住，医師，家族とともに連絡体制を決める。しかし，職員にとってみれば「どんな時に連絡をしたらよいのか」と悩むことも多い。そのため，いざという時に備えて本人に出現する症状を言語化し，紙にわかりやすい言葉を使って書き留めて，形で残しておくようにする。

◻ 事例の概要

Jさん，80歳台，男性。アルツハイマー型認知症。要介護度5。肺炎を併発し，入院中に終末期と判断されたが，本人が「入院はいやだ」と拒否をした。家族は自宅での介護ができず，ケアマネジャーは最期までの支援を行えるサ高住をさがし，看護師が常駐していないため，訪問看護も開始してエンド・ケア体制を整えた。

◻ ケアの実際

Jさんは，3食の食事以外にも「何か食べよう」と言葉にすることが多かった。しかし，家族やケアマネジャーからJさんの歴史を聞くと，離れて暮らす家族がたまに遊びにくると，たっぷりと手料理でもてなしていたこと，そしてJさんはいつも「おいしい物を食べに行こう」と誘っていたことがわかり，「食べよう」という言葉の意味するものに目をむけていった。Jさんにとって食べることは，人との結びつきを意味し，食とコミュニケーションを大切にするエンド・ケアに努めようと職員間で共通認識した。

食事の様子を確認すると，「Jさんがご飯を口に入れたまま，しゃべり続けるようになった」と認知症の進行による食べ方の変化が起こっていた。また，むせて誤嚥するのではないかと食事介助を行う職員の不安は強くなっていた。

訪問看護師は自らも介助を行い，Jさんの食事の様子，嚥下の確認をした。そして，温かく見守りながら，集中して食事ができる食事環境を整えるようにした。部屋には常にJさんの好む食べ物を置いておき，本人がしっかり覚醒した時にいつでも職員が介助して食べられるようにした。また，食後，口の中に食べ物が残っていないか確認し，口腔ケアをしてもらうように助言した。

家族は仕事をしているので，訪問看護の時間に会える日は少なかった。そのため，家族はエンド期にあるJさんの状態の医療に関する情報を看護師から得たいという希望をもっていた。家族との連絡手段は電話だけでなく，部屋にノートを置くようにし，ノートには，Jさんの身体変化だけでなく，Jさんとの何気ない会話やその時々に見せる表情なども記載した。すると家族自身も心境などを書き残すようになった。

Jさんは食事量が減り眠る時間が増えていった。家族からは，「離れて暮らす孫たちにも会えるまでの時間がほしい」という希望があり点滴を行った。そこでは，「高齢者ケアの意思決定プロセスに関するガイドライン——人工的水分・栄養補給の導入を中心として」[10]をもとに「本人のQOL達成が見込まれるかどうか」を検討した。職員は，Jさんの会話

や食べる意欲が増したという点滴の効果を実感しており，家族との面談時間や人との関わりが増えたという。QOL の向上を判断し，点滴を継続することにした。訪問看護師は，呼吸状態，浮腫などの身体診査を行い，点滴が苦痛をもたらしていないかを観察し，医師とも連絡を取り合いながら点滴量や回数を調整した。

そしてJさんは最期の日まで，「何か食べよう」と言葉にするJさんに対し全員で，一口であっても食とコミュニケーションへの希望は実現しようと努めた。家族，職員，訪問看護の全員で最期の姿を整え，お見送りへとつなげた。

7 地域のエンドオブライフ・ケア

在宅にいる利用者がエンドオブライフ時期にあるならば，身体的な変化は著しく生活も急激に変化する場合がある。全人的苦痛を緩和し，その人が望む日々を達成し QOL を高めていくためには，多施設多職種による地域全体での支援が必要となる。そして，住み慣れた地域・自宅でエンド期を迎えるためには，かかりつけ医と訪問看護などの医療的支援を決定することが大切である。

☐ 本人の意思を支えるための環境の調整

在宅で過ごしていく中で老いや病気の進行とともに高齢者は，エンド期へと移行していく。在宅，施設，病院など，最期を迎える選択肢がいずれの場所であってもよいが，本人と家族の意思を尊重したエンド期の環境が提供されていることが大切である。訪問看護は，フィジカルアセスメントを通して身体と生活の変化に目を向けることである。それには，本人及び家族が望む最期までの日々を把握し，それに見合った環境を調整できる力量が必要である。

☐ 事例の概要

Kさん，80歳台，男性。廃用性症候群，妻と2人暮らし。食事は妻の介助で摂取できたが，ベッドから離れられない生活を送っていた。ケアマネジャーは，定期的な状態観察が必要と判断し，訪問看護を開始した。

① フィジカルアセスメント

訪問看護1日目，妻からKさんが口数少なくいつもと様子が違うと教えてもらう。意識レベルの低下と脱水傾向を認め，訪問看護は今までの経過もふまえてエンド期にあると判断した。

② 治療の希望と環境の調整

妻は「覚悟している。家で過ごすことを望んでいたKの言う通りにしたい。」と言葉にした。訪問看護はKさんの状態及び希望を主治医に伝えた。受診時にいつも点滴をしてい

たことから今回も希望に沿い，在宅で点滴を行った。翌日，Kさんの意識レベルが回復する。しかし，経口からの食事はむせるための少量のみであった。また主治医より今後の看取りを含めた継続的な往診は困難との連絡があり，ケアマネジャーと，看取りまで可能な往診可能な医師をさがした。そして身の回りのケアが行えるように訪問介護を導入し，体制を調整。結果，Kさんは妻が見守る中，自宅で息を引き取った。

情報の共有と医療体制及び支援の保証

　在宅の利用者の支援者は，施設を超えて情報を共有する必要がある。利用者と直接関わることができる時間は1日のうちわずかであるため，家族や各職種の情報を統合させていくことが必要である。その中で，訪問看護などの医療者は，利用者の心身の変化や苦痛の有無をアセスメントし，今後予測される症状及び変化を書面に記して（見える化），家族と各職種で少しでも安心して対応できる手段とする。そして24時間支え続けているという保証を与え続けるようにする。

　エンド期を目の当たりにしている家族は，本人の苦痛や自分の介護疲れによって心境が揺れ動きやすい状態にあり，その揺れを受け止めることが必要である。がん末期にあったある利用者の介護者は1人のみであった。介護者が家から離れられないことで苛立ちを表すようになったため，訪問看護の時間と回数を増やして，外出できる時間をつくった。時には各サービスの増加等の調整も必要である。

○ 注・引用文献

(1) 本節（第1節）は平成22年度老人保健事業推進費等補助金老人保健健康増進等事業「特別養護老人ホームにおける看取り介護の質保証の為のシステム開発と経済効果に関する調査研究事業──看取りケアパスの開発とアウトカム評価」を，一部改編したものである。

(2) 大蔵暢（2013）：「老年症候群」の診察室──超高齢社会を生きる，19-20，朝日新聞出版．

(3) 日本老年医学会（2012）：立場表明2012（http://www.jpn-geriat-soc.or.jp/proposal/pdf/jgs-tachiba2012.pdf）．

(4) 吉岡佐知子，原等子，井出訓他（2010）：健康逸脱からの回復と終末期を支える看護の展開，終末期における看護ケア，北川公子，井出訓，植田恵他，系統看護学講座専門分野Ⅱ　老年看護学（第7版），302，医学書院．

(5) 堀内ふき（2012）：高齢者終末期における看護のあり方，Geriatric Medicine, 50（12），1411-1414．

(6) 日本ホスピス・在宅ケア研究会編（2005）：退院後のがん患者と家族の支援ガイド，23-25，プリメド社．

(7) 全国有料老人ホーム協会（2014）：平成25年度有料老人ホーム・サービス付き高齢者向け住宅に関する実態調査研究事業報告書，54.

(8) 長江弘子（2013）：患者・家族の生活文化に即したエンド・オブ・ライフケア，Nursing Today, 28（3），8-15.

(9) 高齢者住宅財団（2013）：平成24年度老人保健健康増進等事業「サービス付き高齢者向け住宅等の実態に関する調査研究」．

(10) 日本老年医学会（2012）：高齢者ケアの意思決定プロセスに関するガイドライン──人工的水分・

栄養補給の導入を中心として，6，医学と看護社．
(11) 新田國夫編（2007）：家で死ぬための医療とケア――在宅看取り学の実践，46，医歯薬出版．
(12) 角田直江編（2005）：最新訪問看護研修テキストステップ2（1）緩和ケア，4，日本看護協会出版会．

○ 参考文献

●第3節

深澤圭子，長谷川真澄，平山さおり他（2004）：長期療養型病床群における終末期高齢者家族の看取りの過程，札幌医科大学保健医療学部紀要，第7号，31-37．

●第6節

川越博美，山崎麻耶，佐藤美穂子総編（2005）：最新訪問看護研修テキスト　ステップ1（1），日本看護協会出版会．

新田國夫編（2007）：家で死ぬための医療とケア――在宅看取り学の実践，46，医歯薬出版．

●第7節

川越博美，山崎麻耶，佐藤美穂子総編（2005）：最新訪問看護研修テキスト　ステップ1（1），日本看護協会出版会．

おわりに

　本書の第1章でも述べている通り，自宅で亡くなりたいと願う人は多い。しかし過去，家族内で当然のように行われてきた介護，そして看取りに関わる行為は，近年では様々な理由により行うことが難しくなってきている。そのような中，自宅に近い環境をもつ施設が登場し，そこでのエンドオブライフ・ケア（以下，エンド・ケア）の必要性が，高まっている。

　本書は，施設におけるエンド・ケアの必要性の高まりに応えるべく，利用者に一番身近に接する介護職が知っておくべき基礎知識を提示し，施設におけるエンド・ケアの実現をめざすために刊行した。

　施設におけるエンド・ケアは，かかわる専門職（医療職や介護職，福祉職等）の意識と知識，そしてシステムに影響される。システムだけが構築されても，そこで提供されるケアの量や質が不十分であれば，よいエンド・ケアはできない。

　この先後期高齢者が急増し，多死時代となる。家族や親族と関わらない「お一人様」の独居高齢者も増えるであろう。また貧困層も増加し，経済的な理由からサービスが利用できない高齢者が施設に入所してくることも増えるであろう。

　これらに対し課題解決の時間はあまりない。今後施設には一層の努力と工夫が求められる。よりよいエンド・ケアを行うためのヒントに，本書がなればと願っている。

2015年6月

　　　　　　　　　　　　　　　　　　　　　　　　　　　編著者　内田陽子

さくいん

あ行

アウトカム 18
　——評価 129
　エンド・ケアプランでの——評価 129
アドバンス・ケア・プランニング（Advance Care Planning：ACP） 104
安定した食事の姿勢 28
意識レベルの低下 113
医師との連携 121
移乗・移動時の転倒・転落を防ぐケア 35
痛みを和らげるケア 57
溢流性尿失禁 73
医療用麻薬 56
胃ろう 68
胃ろう周囲の観察 69
インフォームド・コンセント 13, 50
栄養士との連携 120
栄養状態の評価 67
嚥下 60
エンゼルケア 115
エンゼルメイク 115
エンドオブライフ・ケア 4
　——におけるケアマネジメントのニーズ 122
エンド期
　——における睡眠 44
　——における転倒や転落 34
　——のセルフケア 27
　——の代理決定（家族） 91
　——の排泄 31
エンド・ケアの酸素投与 52
延命医療 99
延命医療（イギリス医師会） 100
延命措置 99
嘔吐 112
オピオイド製剤 57
オムツ交換の介助 33
オムツの使用 31
オレム（Orem, D. E.） 26

か行

介護支援専門員（ケアマネジャー） 137
介護職の役割 119
介護福祉士 139
介護療養病床 5
介護老人福祉施設 5
介護老人保健施設 5, 136
家族間で意見が一致していない時の関わり方 92
家族に対する援助 91
家族の代理決定への支援 92
家庭用の浴槽での入浴 38
看護師 138
　——との連携 120
カンジダ症 43
緩和ケア 107
気管内吸引 61, 62
器質性便秘 75
義歯の手入れ 42
機能性尿失禁 73
機能性便秘 75
吸引 61
救急医療における終末期医療に関する提言（ガイドライン） 100
キューブラー＝ロス（Kübler-Ross, E.） 83
クーリング 112
グリーフケア 135
　——の意義 87
　——の目的 87
グループホーム 5
ケアカンファレンス 119
ケアの質評価 129
ケアハウス 5
ケアパス 18
ケアマネジメント 122
ケアマネジャーとの連携 121
ケリーパッド 40
下痢に対するケア 76
言語聴覚士との連携 120
口腔内吸引 61, 62
高齢者医療 10
高齢者ケアの意思決定プロセスに関するガイドライン 104
高齢者専用賃貸住宅 5
高齢者に対する適切な医療の指針 10
高齢者の皮膚の特徴 63
呼吸困難 58
　——に対するケア 58
呼吸停止 113
呼吸の状態 51

さ行

サーカディアンリズム 25
サービス付き高齢者向け住宅 5, 152
在宅酸素機器 51
作業療法士との連携 121
酸素吸入による低酸素血症の改善 59
酸素飽和度 51
死 83
　施設における—— 5
施設介護サービス費 127
事前確認書 21
事前指示書 37
持続皮下点滴 81
失禁に対するケア 73
死にゆく人の心理過程 83
死亡確認 115
死亡順位 3
死亡診断書 14
　——記入マニュアル 14
死亡率 3
シャワー浴 39
終末期医療の決定プロセス 13
　——に関するガイドライン 101
終末期の経過 12
終末期の定義 12
　——（全日本病院学会） 13
　——（日本医師会） 12
　——（日本老年医学会） 12
主観的満足度 131
手浴 39
小規模多機能型居宅介護 5, 150
情報共有＝合意モデル 14, 102
食事に使用する食器 29
食事の介助 29

食事や水分の摂取量　30
人工的水分・栄養補給法（AHN）　53
人生の最終段階における医療の決定プロセスに関するガイドライン　101
水分の摂取　29
睡眠によい環境　45
スキンケア　64
スキンテア　63
スクイージング　59
スピリチュアル　85
　――ケア　85
　――ペイン　85
清拭　39
「生命の二重の見方」理論　102
咳のケア　59
切迫性尿失禁　73
セルフケア　26
洗顔など整容のケア　37
喘鳴のケア　60
せん妄　70
　――のケア　71
　――の原因　70
相談員　139
　――との連携　121
足浴　39
ソンダース（Saunders, C.）　85

た行

ターミナルケア加算　127
立場表明2012（日本老年医学会）　104
WHO方式三段階除痛ラダー　56
チームケア　9
中心静脈栄養法（TPN）　53
低栄養　67
デーケン（Deeken, A.）　84
デスカンファレンス　135
デスマネジメント　84
デルマドローム　63
転倒要因となりうる薬剤　35
トイレ誘導　32
疼痛緩和　55
吐血　113
富山県射水市民病院事件　101

な行

ナラティブな関わり　11
日本人の食事摂取基準　30
入浴　38
尿・便失禁ケア　66
尿路感染症予防　72
認知症対応型共同生活介護　146
認知症に対するケア　71
眠れないときのケア　45

は行

排泄する環境を整える　31
排痰のケア　59
発熱　111
ハフィング　59
バリデーション　71
パルスオキシメーター　51
皮膚の圧迫・摩擦に対するケア　66
頻尿に対するケア　72
フェイス・スケール　56
腹圧性尿失禁　73
ブラッシングと洗口　42
ベック＝フリス（Beck-Friis, B.）　10
　――の緩和療法哲学　10
　――の倫理規定　11
ベッドからの転落に対するケア　36
ベッド上で寝たまま洗髪　40
便失禁に対するケア　76
便秘に対するケア　75
乏尿・無尿に対するケア　74
ポータブルトイレ　31, 73
歩行時の環境を整える　35
保湿ケア　65
ホスピタリズム　25
北海道立羽幌病院事件　101

ま行

マーレイ（Marray, S. A.）　12
枕経　94
末梢静脈栄養法（PPN）　53, 54
看取り　4
　――に関する指針　17
看取り介護加算　127, 134
看取りケアパス　18

や・ら行

ヤコビー線　32
ライフレビュー　86
理学療法士との連携　121
リビング・ウィル　103, 104
療養型医療施設　141
臨死期での症状　21
倫理的葛藤　107
　――の解決　107
レスパイト　94

欧文・他

ACP →アドバンス・ケア・プランニング
CO_2ナルコーシス　52
ELNEC　4
K-POINT　43
PEG（経皮内視鏡的胃ろう造設術）　68
POLST　104
SGA（主観的包括的アセスメント）　67

執筆者紹介 （所属：分担，執筆順，＊は編著者）

＊内田　陽子（編著者紹介参照：はじめに（共著），第1章（1のみ共著），第3章1，第4章1・2，第5章9，第7章1・3，第11章3，第12章2・3，おわりに）

＊島内　節（編著者紹介参照：はじめに（共著），第1章1（共著））

美原　恵里（介護老人保健施設アルボース施設長：第2章）

戸谷　幸佳（特別養護老人ホームくやはら研究研修部長，老人看護専門看護師：第3章2・3，第5章8，第10章，第13章1）

堀口美奈子（高崎健康福祉大学健康福祉学部助教：第4章3～6・8）

久保田チエコ（東京医科歯科大学大学院高齢者歯科学分野博士後期課程：第4章7）

田中　志子（内田病院理事長：第5章1～3，第6章）

亀井　智子（聖路加国際大学看護学部教授：第5章4・5）

岡部　美保（高崎健康福祉大学訪問看護ステーション皮膚・排泄ケア認定看護師：第5章6）

鈴木早智子（足利工業大学看護学部助教：第5章7）

佐藤　文美（認定NPO法人じゃんけんぽん　じゃんけんぽん観音寺管理者：第5章10，第13章4・5（共著））

阿部まゆみ（名古屋大学大学院医学系研究科看護学専攻特任准教授：第7章2）

加藤　綾子（特別養護老人ホームアミーキ施設長：第7章4，第8章1）

大塚　彰太（介護老人保健施設アルボース相談室主任：第8章2）

滝原　典子（介護老人保健施設アルボース主任看護師：第8章3）

大塚　綾（介護老人保健施設アルボース看護介護部介護福祉士：第8章4，第11章1）

会田　薫子（東京大学大学院人文社会系研究科特任准教授：第9章1～3）

齊田　綾子（公立七日市病院看護サブマネージャー：第9章4，第13章3）

原澤　史明（介護老人保健施設アルボースケアマネ担当主任，：第11章2）

田村　和幸（介護老人保健施設アルボース事務室長：第12章1）

相場　健一（介護老人保健施設アルボース看護介護部副主任：第13章2）

井上　謙一（認定NPO法人じゃんけんぽん代表：第13章4・5（共著））

梨木恵実子（群馬県看護協会訪問看護ステーション老人看護専門看護師：第13章6・7）

編著者紹介

内田 陽子（うちだ・ようこ）

岡山赤十字看護専門学校卒業。
岡山赤十字病院勤務，東群馬看護専門学校等を経て
東京医科歯科大学大学院博士後期課程修了。
現　在　群馬大学大学院保健学科教授。博士（看護学）。
主　著　『在宅ケア――アウトカム評価と質改善の方法』（共編著）医学書院，2002年。
　　　　『看護アセスメント力鍛え方＆教え方――教え上手の短時間学習！　2つのトレーニング！』日総研出版，2013年。
　　　　『ベストティーチャーが教える！　看護過程 目からウロコの教え方＆学び方』日総研出版，2015年。
　　　　『楽しくできるわかりやすい看護研究論文の書き方』照林社，2015年。

島内　節（しまのうち・せつ）

高知女子大学家政学部衛生看護科卒業。
国立衛生院室長，東京医科歯科大学教授，保健衛生学研究科長，
国際医療福祉大学看護科長等を経て
現　在　人間環境大学大学院看護学研究科長，同大学看護学部長。
　　　　博士（医学），社会学修士。
主　著　「地域看護学講座全10巻」（編者）医学書院，1995-2000年。
　　　　『在宅ケア　クリニカルパスマニュアル』（編者）中央法規出版，2000年。
　　　　『訪問看護管理マニュアル』（監修）日本看護協会出版会，2002年。
　　　　『在宅エンド・オブ・ライフケア』（共編著）イニシア，2008年。

施設におけるエンドオブライフ・ケア
――介護職が知っておくべき基礎知識――

2015年9月30日　初版第1刷発行　　　〈検印省略〉

定価はカバーに表示しています

編著者	内　田　陽　子
	島　内　　　節
発行者	杉　田　啓　三
印刷者	藤　森　英　夫

発行所　株式会社　ミネルヴァ書房
607-8494　京都市山科区日ノ岡堤谷町1
電話代表　（075）581-5191
振替口座　01020-0-8076

©内田陽子，島内節ほか，2015　　亜細亜印刷

ISBN978-4-623-07407-5
Printed in Japan

在宅におけるエンドオブライフ・ケア
島内　節・内田陽子　編著

Ｂ５判　216頁
本　体　2600円

これからの在宅看護論
島内　節・亀井智子　編著

Ｂ５判　328頁
本　体　2800円

介護職員等のための医療的ケア
　　──喀痰吸引・経管栄養等の研修テキスト
公益財団法人日本訪問看護財団　編

Ｂ５判　208頁
本　体　2200円

──────── ミネルヴァ書房 ────────
http://www.minervashobo.co.jp/